Impostos
e tributos
no Brasil

Uma abordagem prática

Dados Internacionais de Catalogação na Publicação (CIP)
(Simone M. P. Vieira – CRB 8ª/4771)

Pontes, Guilherme Luiz Bertoni

Impostos e tributos no Brasil: uma abordagem prática / Guilherme Luiz Bertoni Pontes. – São Paulo : Editora Senac São Paulo, 2023.

Nota: este livro foi publicado anteriormente com o título "Direito tributário na prática"
Bibliografia.
ISBN 978-85-396-5014-9 (Impresso/2023)
e-ISBN 978-85-396-5012-5 (ePub/2023)
e-ISBN 978-85-396-5013-2 (PDF/2023)

1. Direito tributário 2. Direito financeiro 3. Legislação empresarial 4. Crédito tributário 5. Tributos I. Título. II. Série.

23-1986g	CDD – 343.04
	341.753
	BISAC LAW086000
	LAW009000

Índice para catálogo sistemático:
1. Direito tributário 343.04
2. Legislação empresarial 341.753

GUILHERME LUIZ BERTONI PONTES

Impostos e tributos no Brasil

Uma abordagem prática

Editora Senac São Paulo – São Paulo – 2023

ADMINISTRAÇÃO REGIONAL DO SENAC NO ESTADO DE SÃO PAULO
Presidente do Conselho Regional: Abram Szajman
Diretor do Departamento Regional: Luiz Francisco de A. Salgado
Superintendente Universitário e de Desenvolvimento: Luiz Carlos Dourado

EDITORA SENAC SÃO PAULO
Conselho Editorial: Luiz Francisco de A. Salgado
Luiz Carlos Dourado
Darcio Sayad Maia
Lucila Mara Sbrana Sciotti
Luís Américo Tousi Botelho

Gerente/Publisher: Luís Américo Tousi Botelho
Coordenação Editorial: Ricardo Diana
Prospecção: Dolores Crisci Manzano
Administrativo: Verônica Pirani de Oliveira
Comercial: Aldair Novais Pereira

Edição de Texto: Eloiza Mendes Lopes
Preparação de Texto: Ana Lúcia Mendes Reis
Coordenação de Revisão de Texto: Janaina Lira
Revisão de Texto: Karen Daikuzono
Coordenação de Arte: Antonio Carlos De Angelis
Capa, Projeto Gráfico e Editoração Eletrônica: Veridiana Freitas
Imagem de Capa: Adobe Stock Photos
Coordenação de E-books: Rodolfo Santana
Impressão e Acabamento: Gráfica CS

A tributação brasileira é o principal objeto de estudo nesta obra. Entre os temas abordados, destacam-se, portanto, ISS, ICMS, PIS, Cofins, IPI e II, os regidos pelo sistema cumulativo e não cumulativo, IRPF, IRPJ e CSLL, os regidos pelo regime de tributação do lucro real, lucro presumido e lucro arbitrado, o simples nacional, folha de pagamento e contribuições trabalhistas e previdenciárias.

O objetivo é proporcionar ao leitor um panorama do sistema tributário nacional, regulamentado no Brasil pelo Código Tributário Nacional, apresentando os principais tributos e regimes de tributação de maneira concisa e prática, com tabelas e fluxogramas, e capacitando-os para a interpretação da legislação tributária.

O Senac São Paulo mostra mais uma vez, com este lançamento, que é possível lidar com um tema complexo de maneira simples e concisa, auxiliando o profissional de maneira prática, com as ferramentas de que ele necessita no dia a dia para exercer sua função relacionada à regulação e à cobrança de tributos.

Dedicar uma obra, principalmente quando se trata do primeiro desafio de um homem, não é olhar apenas para o seu feito, mas enxergar como foi a sua trajetória até aquele momento. Muitas são as pessoas que passam pelas nossas vidas, mas existem aquelas que realmente fazem a diferença. Com este livro, fica evidente que, depois de enfrentar desafios e obstáculos, a verdade é que não se consegue nada sozinho. Independentemente da condição ou da posição que ocupam em nossas vidas, tanto no presente como no passado, o fato é que pessoas marcantes devem ser lembradas. Desta forma, quero agradecer primeiramente aos meus filhos, Guilherme e Helena, verdadeiros presentes de Deus, a toda minha família e também aos meus alunos que sempre foram fonte de inspiração e força. Este projeto busca trazer um tema complexo de forma simples e didática para uso diário daqueles que se dedicam à área de tributos. Trata-se de uma singela parcela de contribuição ao aprendizado de diversos profissionais que estudam a matéria no Brasil.

Caro leitor,

Quando fui convidado a escrever esta obra, me senti honrado pela oportunidade e logo entendi o tamanho do desafio. Falar sobre tributos no Brasil, de uma maneira simples e didática, foi algo que realmente me instigou. Transformar um assunto complexo em um material que pudesse compor a estrutura de trabalho de um estudante, e até mesmo de um profissional da área tributária, como fonte de conhecimento e consulta, foi o que me propus a fazer nesta obra, preenchendo, assim, uma grande lacuna em nossa produção teórica. Como profissional de contabilidade, vejo a necessidade de termos em mãos algo mais direto e que possa realmente contribuir – inclusive com nosso tempo, que é tão concorrido atualmente. O livro traz uma abordagem prática sobre os principais tributos federais, estaduais e municipais que fazem parte da rotina da maioria dos profissionais envolvidos no universo tributário. Os leitores sentirão a facilidade expressa nas abordagens técnicas e vão definitivamente mergulhar de maneira agradável no mundo dos tributos. Portanto, esta obra é fruto de uma vida dedicada ao estudo contábil, bem como da atuação como perito judicial no estado de São Paulo. Ela é também resultado da maior fonte inspiradora ao longo de minha carreira: meus alunos dos cursos de Ciências Contábeis de diversas faculdades e universidades do Brasil que tanto ansiaram por algo nesse sentido.

Convido todos para esta experiência prática e fascinante!

Capítulo 1

Sistema tributário nacional (STN)

EVOLUÇÃO HISTÓRICA DOS TRIBUTOS

O tributo acompanha o homem desde a evolução da humanidade e surgiu em um primeiro momento como presente oferecido aos líderes de determinado povo ou nação como reconhecimento de sua bravura e proteção, sem nenhuma imposição ou obrigatoriedade.

Com o surgimento das guerras e das disputas de terras entre as antigas civilizações, o tributo começou a adquirir características compulsórias, ou seja, obrigatórias, passando a ser exigido pelos líderes dessas civilizações como contribuição em troca de proteção e defesa do bem comum e como instrumento de servidão dos povos dominados.

Mais tarde, no Império Romano, passou a ser exigido de maneira distinta sobre as importações de mercadorias e pelo consumo geral de bens. Isso permitiu que essa característica primitiva perdurasse até os dias atuais, cercada, porém, de alterações e aperfeiçoamentos adquiridos ao longo do tempo, com destaque para o período entre a Idade Média e a Revolução

Francesa (1789), em que o povo insurgiu contra os altos tributos exigidos pelo governo e sua incompetência de gestão e divisão de recursos.

Foi em Portugal, mais precisamente no período colonial, que começamos a identificar nossa estrutura tributária, que, por sua vez, alterou, inseriu e suprimiu tributos, com características mais direcionadas e segmentadas perante a sociedade.

Com a colonização portuguesa, foi instituído no Brasil o primeiro tributo incidente sobre a exploração de recursos naturais e demais riquezas, que era recolhido pela Coroa, correspondendo à quinta parte do total explorado, ou seja, 20%.

Em 1549, após o fracasso das capitanias hereditárias no Brasil, foi instalado o governo federal para estabelecer ordem na colônia, bem como administrar e gerir a arrecadação de tributos.

Com a chegada da família real ao Brasil e o uso de moedas de ouro, prata e cobre, houve a necessidade da criação de um novo tributo para suportar a vinda da Coroa ao país. Ainda, com a intensificação do comércio internacional, surgiu a tributação sobre a importação dos produtos.

Após a instalação da República, inúmeras foram as mudanças e as alterações no regime tributário brasileiro até a criação do sistema tributário nacional (STN), instituído pela Emenda Constitucional nº 18/1965, com a integração no plano econômico e jurídico dos estados e municípios, que possuíam estruturas totalmente independentes e autônomas, desvinculadas do plano federal.

Portanto, o Brasil passou a ter um STN integrado e organizado, e, em 25 de outubro de 1966, por meio da Lei nº 5.172, nasceu o Código Tributário Nacional (CTN), em decorrência da reforma iniciada pela Emenda Constitucional nº 18/1965. Esta, por sua vez, nos acompanha até os dias atuais, evidentemente cercada de alterações e mudanças.

Verifica-se que a essência do tributo ao longo dos anos sempre foi a arrecadação de recursos por meio da população. No entanto, houve uma migração gradual e evolutiva do enriquecimento unicamente do governo e de seus representantes para uma contraprestação de serviços e uma estrutura socioeconômica capaz de suportar as necessidades da sociedade, inclusive garantindo direitos constitucionais.

Diante desse contexto, começamos a entender a importância do tributo para a manutenção das atividades e dos serviços vitais, tornando-se uma obrigatoriedade contínua do contribuinte decorrente do consumo, da renda e do patrimônio. Estudar os tributos, portanto, nos permite compreender a relação do passado com o presente, bem como planejar e desenhar de modo perspicaz como devemos nos preparar para o futuro.

Ao procurarmos uma definição técnica de tributo no sistema atual, nada mais objetivo e seguro que recorrermos ao conceito expresso no CTN:

> Art. 3º. Tributo é toda prestação pecuniária compulsória, em moeda ou cujo valor nela se possa exprimir, que não constitua sanção de ato ilícito, instituída em lei e cobrada mediante atividade administrativa e plenamente vinculada. (BRASIL, 1966)

A expressão "prestação pecuniária compulsória" na verdade traduz a obrigatoriedade do pagamento do tributo, representada por dinheiro, ou seja, tributo é uma obrigação do contribuinte em dinheiro.

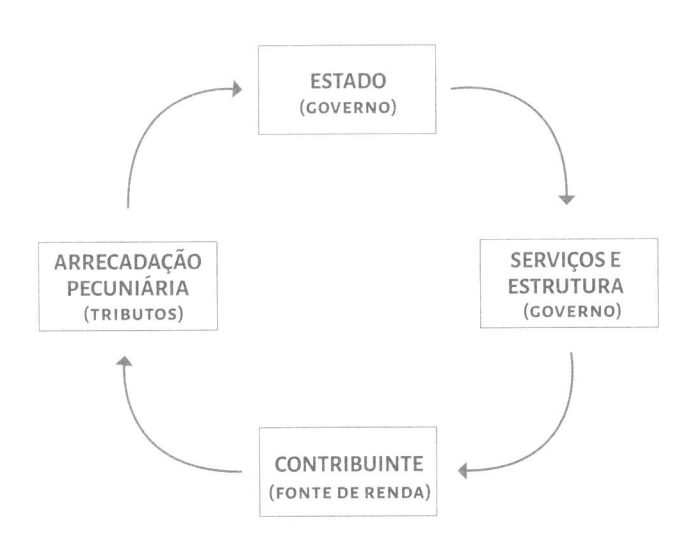

FIGURA 1. **Estrutura do sistema tributário**

É importante destacar que o tributo decorre sempre de uma atividade lícita regulada pelo governo (comércio, indústria ou prestação de serviços). Multas e demais sanções *não* representam arrecadação tributária, mas, sim, penalidade em decorrência de algo irregular.

Logo, percebe-se a importância da estrutura do sistema tributário (figura 1) e dos profissionais que estão envolvidos em sua operacionalização, pois aqueles que trabalham com tributos devem ter conhecimento das leis, dos sistemas de informação, das plataformas tributárias, além de habilidades voltadas para a interpretação dos dispositivos, a contabilização e os cálculos.

TRIBUTOS E SUAS ESPÉCIES

O tributo serve para custear a estrutura do governo, bem como garantir a contraprestação do serviço público que é destinado ao bem-estar econômico e social do cidadão. Logo, conclui-se que "tributar não é punir!".

Diversas são as fontes tributárias no Brasil. Atualmente, o país tem uma extensa lista de 92 tributos vigentes, divididos nas esferas federal, estadual e municipal, por meio de cinco espécies previstas na Constituição Brasileira de 1988. Cada ente federativo é responsável por programar, regular, fiscalizar e cobrar seus tributos – é o que chamamos de competência tributária.

As espécies de tributos estão assim divididas:

- imposto;
- taxa;
- contribuição de melhoria;
- empréstimo compulsório; e
- contribuições federais.

Cada tributo foi constituído para uma finalidade, e em alguns casos a destinação dos recursos é específica, ou seja, o tributo está vinculado à sua arrecadação e à sua aplicabilidade, não podendo ter qualquer outra destinação senão aquela prevista em lei.

O imposto está definido no art. 16 do CTN. Trata-se de um tributo obrigatório, instituído por lei própria e presente em todo tipo de bem de consumo (compra e venda de mercadorias e prestação de serviços), renda (salários, benefícios e outros ganhos) e patrimônio (bens móveis e imóveis), que visa custear as despesas do Estado.

> Art. 16. Imposto é o tributo cuja obrigação tem por fato gerador uma situação independente de qualquer atividade estatal específica, relativa ao contribuinte. (BRASIL, 1966)

O imposto não exige contraprestação específica do governo, ou seja, pode ser aplicado em qualquer área e, portanto, não está vinculado a algo que o governo oferece em troca. Temos impostos exigidos pela União, pelos estados e pelos municípios. Alguns exemplos deles podem ser observados no quadro 1.

QUADRO 1. **Tipos de impostos**

IMPOSTOS FEDERAIS

II: imposto sobre importação, para mercadorias vindas de fora do país

IE: imposto sobre exportação, para mercadorias destinadas ao exterior

IOF: imposto sobre operações financeiras, para empréstimos, ações e demais ações financeiras

IPI: imposto sobre produtos industrializados, para a indústria

IRPF: imposto de renda pessoa física, sobre a renda do cidadão

IRPJ: imposto de renda pessoa jurídica, sobre a renda de CNPJ

IMPOSTOS ESTADUAIS

ICMS: imposto sobre circulação de mercadorias e serviços

IPVA: imposto sobre a propriedade de motores automotores

ITCMD: imposto sobre transmissão *causa mortis* e doação

IMPOSTOS MUNICIPAIS

IPTU: imposto sobre propriedade territorial urbana

ISS: imposto sobre serviços

ITBI: imposto de transmissão de bens imóveis

TAXA

A taxa está definida nos arts. 77 e 78 do CTN. Diferentemente dos impostos, as taxas são vinculadas a uma contraprestação do Estado e ao poder público quando este usa de suas atribuições, o chamado poder de polícia, para regular, fiscalizar, atribuir e autorizar determinada atividade de interesse do bem comum.

> Art. 77. As taxas cobradas pela União, pelos Estados, pelo Distrito Federal ou pelos Municípios, no âmbito de suas respectivas atribuições, têm como fato gerador o exercício regular do poder de polícia, ou a utilização, efetiva ou potencial, de serviço público específico e divisível, prestado ao contribuinte ou posto à sua disposição. (BRASIL, 1966)

Já sobre o chamado poder de polícia, o art. 78 do CTN diz:

> Art. 78. Considera-se poder de polícia atividade da administração pública que, limitando ou disciplinando direito, interesse ou liberdade, regula a prática de ato ou abstenção de fato, em razão de interesse público concernente à segurança, à higiene, à ordem, aos costumes, à disciplina da produção e do mercado, ao exercício de atividades econômicas dependentes de concessão ou autorização do Poder Público, à tranquilidade pública ou ao respeito à propriedade e aos direitos individuais ou coletivos. (BRASIL, 1966)

Em resumo, a taxa decorre em função do serviço público prestado ao contribuinte ou colocado à sua disposição, em observação e cumprimento do art. 78 do CTN.

A taxa não pode ter similaridade com o imposto, diferenciando-se no que tange à base de cálculo e ao fato gerador. São exemplos de taxa: taxa de iluminação pública, taxa de limpeza pública, taxa de fiscalização e funcionamento de estabelecimentos comerciais e industriais, taxa de fiscalização ambiental, taxas de serviços administrativos, entre outros.

FIGURA 2. **Fluxo de aplicação de taxas**

Vale lembrar que o serviço público, sobre o qual incide uma taxa, pode ter uso efetivo ou potencial (estar à disposição) por parte do contribuinte. Além disso, as taxas podem ser criadas pelas três esferas de governo.

CONTRIBUIÇÃO DE MELHORIA

A contribuição de melhoria está definida no art. 81 do CTN. As contribuições de melhoria, assim como as taxas, devem estar vinculadas a uma contraprestação. É um tributo exigido pelo governo – tanto no âmbito federal como no estadual e no municipal – decorrente de uma obra pública, que, por sua vez, gerou valorização imobiliária do local onde está situada a propriedade do contribuinte.

> Art. 81. A contribuição de melhoria cobrada pela União, pelos Estados, pelo Distrito Federal ou pelos Municípios, no âmbito de suas respectivas atribuições, é instituída para fazer face ao custo de obras públicas de que decorra valorização imobiliária, tendo como limite total a despesa realizada e como limite individual o acréscimo de valor que da obra resultar para cada imóvel beneficiado. (BRASIL, 1966)

A contribuição de melhoria só pode ser cobrada quando houver expressa valorização imobiliária do local da obra. Conforme visto no art. 81, ela tem como teto o valor total da despesa da obra e como limite individual o acréscimo gerado em cada imóvel beneficiado.

O valor arrecadado é destinado à própria obra em questão. São exemplos de contribuições de melhoria: asfalto/pavimentação de ruas; novas ruas e vias de acesso; construção e ampliação de parques; construção de pontes, túneis e viadutos; construção de aeroportos, aterros e realizações de embelezamento em geral, inclusive desapropriações em desenvolvimento de plano de aspecto paisagístico; entre outros.

FIGURA 3. **Fluxo da contribuição de melhoria**

Curiosamente, a contribuição de melhoria é anterior às contribuições sociais, conforme dispõe o próprio art. 5º do CTN. Portanto, para ser cobrada, ela deve atender rigorosamente o que dispõe o art. 82 da referida lei:

Art. 82. A lei relativa à contribuição de melhoria observará os seguintes requisitos mínimos:

I – publicação prévia dos seguintes elementos:

a) memorial descritivo do projeto;

b) orçamento do custo da obra;

c) determinação da parcela do custo da obra a ser financiada pela contribuição;

d) delimitação da zona beneficiada;

e) determinação do fator de absorção do benefício da valorização para toda a zona ou para cada uma das áreas diferenciadas, nela contidas;

II – fixação de prazo não inferior a 30 (trinta) dias, para impugnação pelos interessados, de qualquer dos elementos referidos no inciso anterior;

> III – regulamentação do processo administrativo de instrução e julgamento da impugnação a que se refere o inciso anterior, sem prejuízo da sua apreciação judicial.
> § 1º A contribuição relativa a cada imóvel será determinada pelo rateio da parcela do custo da obra a que se refere a alínea c, do inciso I, pelos imóveis situados na zona beneficiada em função dos respectivos fatores individuais de valorização.
> § 2º Por ocasião do respectivo lançamento, cada contribuinte deverá ser notificado do montante da contribuição, da forma e dos prazos de seu pagamento e dos elementos que integram o respectivo cálculo. (BRASIL, 1966)

Cabe salientar que, na falta do cumprimento dos itens previstos na lei, qualquer medida adotada pelo governo para a cobrança da referida contribuição pode ser considerada ilegal.

EMPRÉSTIMO COMPULSÓRIO

O empréstimo compulsório é um tributo com destinação específica. Ele somente pode ser instituído pelo governo federal e visa atender a uma despesa extraordinária ou a um investimento público em caráter de urgência e interesse nacional. Para a criação do empréstimo compulsório, há de se criar lei própria, pois o valor está vinculado ao evento específico e pode ser restituído ao contribuinte.

O art. 148 da Constituição Federal prevê as condições para a instituição do empréstimo compulsório, nos seguintes termos:

> Art. 148. A União, mediante lei complementar, poderá instituir empréstimos compulsórios:
> I – para atender a despesas extraordinárias, decorrentes de calamidade pública, de guerra externa ou sua iminência;
> II – no caso de investimento público de caráter urgente e de relevante interesse nacional, observado o disposto no art. 150, III, "b".
> Parágrafo único. A aplicação dos recursos provenientes de empréstimo compulsório será vinculada à despesa que fundamentou sua instituição. (BRASIL, 1988)

FIGURA 4. **Fluxo do empréstimo compulsório**

Nos casos de despesas extraordinárias representadas por calamidades públicas e guerras externas, o empréstimo compulsório não precisa obedecer ao princípio jurídico da anterioridade. Ou seja, ele pode ser cobrado de imediato, dentro do mesmo exercício financeiro.

CONTRIBUIÇÕES FEDERAIS

As contribuições federais estão previstas no art. 149 da Constituição Federal, revelando-se uma maneira de o Estado atuar em áreas específicas. São elas: a) sociais; b) intervenção no domínio econômico; e c) de interesse das categorias profissionais ou econômicas.

> Art. 149. Compete exclusivamente à União instituir contribuições sociais, de intervenção no domínio econômico e de interesse das categorias profissionais ou econômicas, como instrumento de sua atuação nas respectivas áreas, observado o disposto nos arts. 146, III, e 150, I e III, e sem prejuízo do previsto no art. 195, § 6°, relativamente às contribuições a que alude o dispositivo. (BRASIL, 1988)

A contribuição especial possui vinculação com a própria arrecadação e tem destinação específica prevista em lei.

As contribuições sociais estão assim divididas:

a) **Contribuições de seguridade social:** visam suportar os gastos da previdência e incidem sobre a folha de salários e demais rendas dos trabalhos pagos ou creditados, a qualquer título, à pessoa física que lhe preste serviço, mesmo sem vínculo empregatício (Instituto Nacional do Seguro Social – INSS). Incidem também sobre a receita ou o faturamento (Contribuição para o Financiamento da Seguridade

Social – Cofins) das empresas e sobre o lucro (Contribuição Social sobre o Lucro Líquido – CSLL).

b) **Contribuições de intervenção no domínio econômico:** visam intervir no domínio econômico de modo a regular o mercado para evitar situações prejudicais na economia. Como exemplo desse tributo regulatório temos o imposto sobre combustíveis (Contribuição de Intervenção no Domínio Econômico – Cide).

c) **Contribuições de interesse de categorias profissionais ou econômicas:** visam custear os gastos de entidades profissionais de classe que representam e prestam serviços a seus associados, garantindo a defesa de interesses e prerrogativas, além de exercer papel fiscalizatório (Conselho Regional de Contabilidade – CRC, Conselho Regional de Administração – CRA, Conselho Regional de Engenharia e Agronomia – Crea, Conselho Regional de Medicina – CRM, Conselho Regional de Farmácia – CRF, Conselho Regional de Economia – Corecon, etc.).

Vimos, portanto, que o Brasil possui uma grande quantidade de tributos que exigem planejamento para adequação à legislação, além de total atenção por parte dos profissionais. Os tributos no Brasil são objeto de inúmeras causas judiciais por falta de observação das regras constitucionais, além de lacunas questionáveis na própria legislação tributária.

Capítulo 2

O Estado brasileiro e os tributos

ESTRUTURA TRIBUTÁRIA NO BRASIL

O Estado brasileiro está juridicamente organizado e dividido em três poderes: executivo, legislativo e judiciário. Cada um desses poderes possui funções e responsabilidades distintas, as quais estão assim definidas:

Poder executivo: exerce a função primordial de administração e condução das políticas públicas, com poderes, faculdades e prerrogativas das mais variadas naturezas. Está incumbido de cumprir o plano de governo e as diretrizes orçamentárias, sendo responsável pela arrecadação e aplicação dos recursos nas diversas áreas. O poder executivo está representado pela figura do presidente da República no âmbito da União, dos governadores nos estados e dos prefeitos nos municípios.

Poder legislativo: tem como principal função a criação de leis e demais regras para a organização econômica e social da Federação, dos estados e dos municípios. É composto por diversas camadas da sociedade, com posições, culturas e costumes diferentes. O poder legislativo está representado pelos senadores e deputados federais no âmbito da União, pelos deputados estaduais nos estados e pelos vereadores nos municípios.

Poder judiciário: guardião da Constituição Federal, tem como principal função garantir o cumprimento das leis. Por meio do poder judiciário, o Estado dá solução aos conflitos de modo a manter a organização da sociedade. Está representado pelos juízes federais e membros do Ministério Público Federal (MPF) em demandas que envolvem os interesses da União, e pelos juízes estaduais e membros do Ministério Público Estadual (MPE) em demandas que envolvem estados e municípios.

PODER EXECUTIVO

UNIÃO ——————• PRESIDENTE DA REPÚBLICA

ESTADOS ——————• GOVERNADORES

MUNICÍPIOS ——————• PREFEITOS

PODER LEGISLATIVO

UNIÃO ——————• DEPUTADOS FEDERAIS E SENADORES

ESTADOS ——————• DEPUTADOS ESTADUAIS

MUNICÍPIOS ——————• VEREADORES

PODER JUDICIÁRIO

UNIÃO ——————• JUÍZES FEDERAIS E MPF

ESTADOS ——————• JUÍZES ESTADUAIS E MPE

MUNICÍPIOS ——————• JUÍZES ESTADUAIS E MPE

FIGURA 1. **Organização do Estado brasileiro**

Entre os três poderes, o legislativo é o responsável pela criação e aprovação das leis. Ele tem divisões e competências de acordo com as matérias tributárias, conforme visto no quadro 1.

QUADRO 1. **Poder legislativo**

PODER LEGISLATIVO			
UNIDADES DA FEDERAÇÃO	DIVISÕES		
	UNIÃO	ESTADOS	MUNICÍPIOS
Tributos	Tributos federais ⬇	Tributos estaduais ⬇	Tributos municipais ⬇
Responsabilidade/ competência	Câmara e Senado Federal ⬇	Assembleias legislativas ⬇	Câmaras municipais ⬇
Exemplos de tributos	IRPF, IRPJ, IPI, PIS, Cofins, INSS, CSLL	ICMS, IPVA, ITCMD	ISS, IPTU, ITBI

Portanto, cabe à União, aos estados e aos municípios legislar sobre os tributos que são de sua competência, porém, sem afrontar a lei maior, que é a Constituição Federal.

O poder executivo, que tem por competência e responsabilidade a função de administrar, também exerce o poder de planejar, arredar, cobrar e aplicar os recursos provenientes dos tributos. Observadas algumas restrições legais e de maneira excepcional, o poder executivo pode criar e majorar tributos por meio das chamadas *medidas provisórias*, porém, estas devem ser submetidas de imediato ao poder legislativo para que sejam apreciados sua constitucionalidade, o preenchimento de seus requisitos e a sua adequação financeiro-orçamentária.

Cumpre observar, contudo, que medida provisória que implique instituição ou majoração de impostos só produzirá efeitos no exercício financeiro seguinte se tiver sido convertida em lei até o último dia daquele exercício em que foi editada, com exceção de alguns tributos que serão exigidos de maneira imediata e que não precisarão observar o princípio da anterioridade. São eles: imposto de importação (II), imposto de exportação (IE), imposto sobre produtos industrializados (IPI), imposto sobre operações financeiras (IOF), imposto extraordinário de guerra (IEG), empréstimo compulsório para calamidade pública ou para guerra externa (ECCala/GUE), Cide-Combustível e ICMS-Combustível.

> **Princípio da anterioridade:** toda lei que institui ou aumenta tributo não pode ser cobrada no mesmo exercício fiscal, somente no exercício seguinte (art. 150, III, alínea b, da Constituição Federal). Todavia, após o advento da Emenda Constitucional nº 42/2003, deve ser observado também o princípio da anterioridade nonagesimal; ou seja, se um tributo foi criado no último dia do ano, independentemente do início do novo exercício, já de imediato, deve-se aguardar noventa dias.

Quanto à arrecadação, à fiscalização e à cobrança propriamente ditas, o poder executivo conta com órgãos responsáveis por tal tarefa. Vejamos o quadro 2.

QUADRO 2. **Poder executivo**

PODER EXECUTIVO			
FUNÇÕES	UNIÃO	ESTADOS	MUNICÍPIOS
Cobrança e fiscalização	Secretaria da Receita Federal do Brasil (SRFB)	Secretaria da Fazenda (Sefaz)	Secretaria Municipal de Finanças (SMF)
Dívida ativa e cobrança judicial	Procuradoria Geral da Fazenda Nacional (PGFN)	Procuradoria Geral da Fazenda Estadual (PGE)	Secretaria de Negócios Jurídicos (SNJ)

FATO GERADOR, BASE DE CÁLCULO E ALÍQUOTAS

Feitas as explicações necessárias no que diz respeito à competência de cada ente federativo, passamos então a entender alguns conceitos tributários e, por conseguinte, como surgem as obrigações do contribuinte perante o Estado e sob quais valores são calculados os tributos.

Mas, antes de adentrar nos conceitos de fato gerador, base de cálculo e alíquotas, vamos falar primeiramente de obrigação tributária.

Toda obrigação tributária decorre do vínculo jurídico, previsto em lei, entre o contribuinte (devedor) e o Estado (credor). A obrigação tributária está dividida em principal e acessória. A obrigação tributária principal é o próprio pagamento do tributo em si, decorrente do surgimento da obrigação perante o fisco. Já a obrigação acessória está relacionada aos documentos de suporte que compõem a obrigação principal.

A figura 2 apresenta um exemplo da atividade de prestação de serviços.

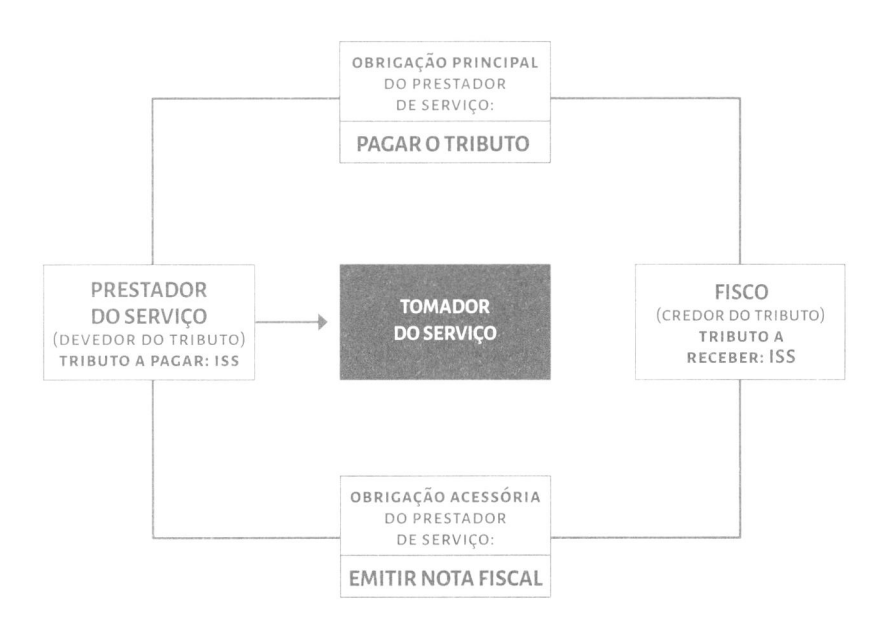

FIGURA 2. **Exemplo de atividade de prestação de serviços**

Outro ponto importante é que, com a obrigação acessória no exemplo da figura 2 (emissão de nota fiscal e escrituração contábil), o fisco é capaz de fiscalizar a operação e cumprir com mais uma parte de seu trabalho. Nos sistemas digitais atuais, as obrigações principais e acessórias se comunicam de modo mais eficiente e possibilitam um trabalho mais preciso e com maior segurança, tanto para o Estado como para o próprio contribuinte.

Caso o contribuinte não cumpra a obrigação acessória prevista na legislação, poderá ser penalizado pelo fisco, e essa obrigação se converterá em multa. Ela passará a ter características de obrigação principal, pois a multa é impositiva e deverá ser paga. Tanto a obrigação principal como a acessória, se não honradas, podem acarretar sérios problemas ao contribuinte, que vão desde restrições cadastrais até ações judiciais.

Fato gerador: pode ser definido como a situação prevista em lei em que o tributo passa a ser devido pelo contribuinte, seja ele pessoa física, seja ele pessoa jurídica. Exemplos: o fato gerador do imposto de renda pessoa jurídica (IRPJ) é o lucro/ganho auferido no período; já o imposto sobre circulação de mercadorias e serviços (ICMS) é o deslocamento das mercadorias; e o imposto sobre serviços (ISS) é a prestação de serviços realizada por uma empresa ou profissionais autônomos.

Base de cálculo: é o valor sobre o qual incide determinada alíquota, resultando no montante a ser pago a título de tributo. É importante observar que o Código Tributário Nacional (CTN) especifica para cada tributo uma base de cálculo diferente. Exemplos: a base de cálculo do IRPJ é o lucro auferido no período, após as deduções legais; já o ICMS é o preço da mercadoria destacado na nota fiscal; e o ISS é o valor da prestação do serviço, também destacado na nota fiscal.

Alíquota: é a percentagem utilizada para calcular o valor que uma pessoa física ou jurídica pagará de tributo. Além disso, a alíquota poderá ser expressa por meio de uma quantia fixa, dependendo do caso. Exemplos: a alíquota (percentual) do IRPJ é variável de acordo com o regime tributário adotado pelo contribuinte; o ICMS possui alíquotas diferentes em cada UF (no estado de São Paulo, a alíquota base é de 18,00% sobre o valor da mercadoria); já o ISS possui alíquotas variáveis que vão de 2,00% a 5,00% de acordo com cada município, que incide sobre o valor do serviço.

REGIMES TRIBUTÁRIOS

Antes de abordarmos os regimes tributários, é necessário distinguir o que são tributos diretos e indiretos. Precisamos observar que o conhecimento em matéria tributária é imprescindível para garantir o sucesso do negócio, bem como mitigar riscos e problemas com o fisco.

Já vimos que tributos são valores pagos tanto por pessoas físicas como por pessoas jurídicas para o Estado, em suas diversas modalidades e de acordo com a operação realizada. Os chamados tributos diretos são aqueles decorrentes da renda e do patrimônio exigidos diretamente do beneficiário; ou seja, o imposto direto não pode ser transferido a outra pessoa e está vinculado diretamente ao CPF ou ao CNPJ do contribuinte.

A título de exemplo de tributo direto, temos o imposto de renda pessoa física (IRPF) e o IRPJ. Observa-se que nesses impostos não existe a possibilidade de repasse a outro agente. Já o chamado tributo indireto é incidente sobre o consumo de bens e serviços, e o responsável pelo pagamento está geralmente definido em lei própria, com esse pagamento podendo ser repassado ou cobrado de um terceiro a ser designado como consumidor final.

O quadro 3 apresenta alguns exemplos de tributos diretos e indiretos.

QUADRO 3. **Exemplos de tributos diretos e indiretos**

TIPOS	FEDERAIS	ESTADUAIS	MUNICIPAIS
Diretos	IRPF, IRPJ, INSS	IPVA	IPTU
Indiretos	IPI, PIS, Cofins	ICMS	ISS

Ao constituir uma empresa ou adquirir um negócio, a definição do *regime tributário* é o primeiro passo e, sem dúvida, um dos aspectos mais importantes para a eficiência da empresa, pois nele reside o chamado planejamento tributário que impacta o resultado financeiro.

Uma escolha malfeita do regime tributário pode causar prejuízos financeiros, além da perda de tempo com procedimentos operacionais desnecessários e do desperdício de vantagens fiscais aplicáveis a determinada atividade.

No Brasil, possuímos basicamente quatro regimes tributários:

- lucro real;
- lucro presumido;
- lucro arbitrado; e
- simples nacional.

LUCRO REAL

Como o próprio nome diz, o lucro real é o regime tributário pelo qual os tributos são calculados após a verificação do lucro líquido da empresa, com os acréscimos ou abatimentos previstos em lei. Nesse caso, as alíquotas são calculadas com base no lucro real, ou seja, na receita menos as despesas.

O art. 14 da Lei nº 9.718, de 27 de novembro de 1998, prevê que estão obrigadas à apuração do lucro real as pessoas jurídicas:

> I – cuja receita total no ano-calendário anterior seja superior ao limite de R$ 78.000.000,00 (setenta e oito milhões de reais) ou proporcional ao número de meses do período, quando inferior a 12 (doze) meses;
> II – cujas atividades sejam de bancos comerciais, bancos de investimentos, bancos de desenvolvimento, caixas econômicas, sociedades de crédito, financiamento e investimento, sociedades de crédito imobiliário, sociedades corretoras de títulos, valores mobiliários e câmbio, distribuidoras de títulos e valores mobiliários, empresas de arrendamento mercantil, cooperativas de crédito, empresas de seguros privados e de capitalização e entidades de previdência privada aberta;
> III – que tiverem lucros, rendimentos ou ganhos de capital oriundos do exterior;
> IV – que, autorizadas pela legislação tributária, usufruam de benefícios fiscais relativos à isenção ou redução do imposto;

> V – que, no decorrer do ano-calendário, tenham efetuado pagamento mensal pelo regime de estimativa, na forma do art. 2º da Lei nº 9.430, de 1996;
> VI – que explorem as atividades de prestação cumulativa e contínua de serviços de assessoria creditícia, mercadológica, gestão de crédito, seleção e riscos, administração de contas a pagar e a receber, compras de direitos creditórios resultantes de vendas mercantis a prazo ou de prestação de serviços (*factoring*);
> VII – que explorem as atividades de securitização de créditos imobiliários, financeiros e do agronegócio. (BRASIL, 1998)

Trata-se de um sistema de arrecadação que exige sistemas contábeis eficientes e integrados para o controle dos impostos e das obrigações acessórias. A fim de uma empresa se enquadrar no lucro real, deve possuir uma contabilidade exímia, evitando multas e demais penalidades. A rotina contábil de uma empresa com lucro real deve estar cercada de cuidados e cumprir com a formalização dos seguintes documentos: livro-diário, livro-razão, livro de inventário, livro para registros de entradas e livro de registros contábeis. As pessoas jurídicas ficam dispensadas, em relação aos fatos ocorridos a partir de 1º de janeiro de 2014, da escrituração do livro de apuração do lucro real (Lalur) e da entrega da declaração de informações econômico-fiscais da pessoa jurídica (DIPJ), em razão da nova obrigação imposta a essas pessoas: a escrituração contábil fiscal (ECF), conforme estabelece o art. 5º da Instrução Normativa RFB nº 1.422/2013.

No caso do lucro real, as empresas que apresentarem resultado negativo ficam desobrigadas de recolher os impostos que incidem diretamente sobre o lucro. A alíquota do imposto de renda (IR) é de 15,00% sobre o lucro apurado no trimestre, com cobrança adicional de 10,00% caso haja excedente acima de R$ 20.000,00 por mês. Já a alíquota da CSLL é de 9,00%, como no lucro presumido.

Já as alíquotas do programa de integração social (PIS) e da Cofins são maiores. Todavia, é possível realizar deduções com compras de matérias-primas, serviços de terceiros destinados à produção, etc.

Com a apuração do lucro real anual, as empresas podem apresentar resultados acumulados ao longo do ano, sejam eles negativos (prejuízos) ou positivos (lucro), beneficiando-se da política de compensação de prejuízos. A apuração anual, além de ser mais prática, segue as mesmas regras para cálculo de alíquotas de IRPJ e CSLL já citadas.

LUCRO PRESUMIDO

O lucro presumido é um regime tributário no qual a Receita Federal presume que determinada percentagem do faturamento é o lucro. Nesse sistema, não existe a preocupação de apuração do lucro efetivo, já que um percentual é estabelecido por lei. Sobre esse lucro, são aplicadas as alíquotas de cada um dos tributos devidos (ISS, PIS, Cofins, IR e CSLL), os quais são recolhidos mensal e trimestralmente, em separado por meio de cinco guias independentes e específicas, inclusive, com vencimentos diferentes.

De modo distinto do simples nacional, o lucro presumido exige um trabalho operacional muito maior, além de obrigações acessórias relacionadas aos tributos que precisam ser cumpridas, como entrega de documentos e declarações pertinentes.

O não cumprimento dessas obrigações pode acarretar aplicações de multas e outras penalidades.

O art. 13 da Lei nº 12.814, de 16 de maio de 2013, prevê que poderá optar pelo regime de tributação com base no lucro presumido:

> A pessoa jurídica cuja receita bruta total no ano-calendário anterior tenha sido igual ou inferior a R$ 78.000.000,00 (setenta e oito milhões de reais) ou a R$ 6.500.000,00 (seis milhões e quinhentos mil reais) multiplicado pelo número de meses de atividade do ano-calendário anterior, quando inferior a 12 (doze) meses. (BRASIL, 2013)

Portanto, o lucro presumido pode ser utilizado pela maioria das empresas existentes no Brasil. As margens de lucro presumidas vão de 1,60% a 32,00%, conforme a tabela 1.

TABELA 1. **Margens de lucro presumidas**

ATIVIDADE EXERCIDA	PERCENTUAL DE LUCRO S/ FATURAMENTO
Revenda de combustíveis e gás natural	1,60%
Transporte de cargas	8,00%
Atividades imobiliárias	8,00%
Industrialização para terceiros com recebimento do material	8,00%
Demais atividades não especificadas que não sejam prestação de serviço	8,00%
Transporte que não seja de cargas e serviços em geral	16,00%
Serviços profissionais que exijam formação técnica ou acadêmica – como advocacia e engenharia	32,00%
Intermediação de negócios	32,00%
Administração de bens móveis ou imóveis, locação ou cessão desses mesmos bens	32,00%
Construção civil e serviços em geral	32,00%

Após identificar as margens de lucro presumidas para as atividades específicas descritas na tabela 1, os impostos a serem calculados mensal e trimestralmente sobre elas são descritos na tabela 2.

TABELA 2. Impostos a serem calculados mensal e trimestralmente – lucro presumido

IMPOSTOS	ALÍQUOTA	RECOLHIMENTO
PIS (calculado sobre o faturamento)	0,65%	Mensal
Cofins (calculado sobre o faturamento)	3,00%	Mensal
ISS (calculado sobre o faturamento)	De 2,50% a 5,00%	Mensal
IRPJ (calculado sobre o percentual do lucro presumido)	15,00%	Trimestral
CSLL (calculado sobre o percentual do lucro presumido)	9,00%	Trimestral

O cálculo do IRPJ é feito com base em alíquota de 15,00% sobre o lucro total presumido para o trimestre. Havendo excedente de lucro acima de R$ 60.000,00 no período, é cobrada 10,00% de alíquota adicional.

LUCRO ARBITRADO

É uma das formas de apuração da base de cálculo do IR, que deve ser utilizada se ocorrer alguma das hipóteses de arbitramento do lucro previstas na legislação tributária – mais precisamente o que consta no art. 47 da Lei nº 8.981/1995:

> I – o contribuinte, obrigado à tributação com base no lucro real ou submetido ao regime de tributação de que trata o Decreto-Lei nº 2.397, de 1987, não mantiver escrituração na forma das leis comerciais

e fiscais, ou deixar de elaborar as demonstrações financeiras exigidas pela legislação fiscal;

II – a escrituração a que estiver obrigado o contribuinte revelar evidentes indícios de fraudes ou contiver vícios, erros ou deficiências que a tornem imprestável para:

a) identificar a efetiva movimentação financeira, inclusive bancária; ou

b) determinar o lucro real.

III – o contribuinte deixar de apresentar à autoridade tributária os livros e documentos da escrituração comercial e fiscal, ou o livro-caixa [...] [no qual deverá estar escriturada toda a movimentação financeira, inclusive bancária, quando optar pelo lucro presumido e não mantiver escrituração contábil regular];

IV – o contribuinte optar indevidamente pela tributação com base no lucro presumido;

V – o comissário ou representante da pessoa jurídica estrangeira deixar de [...] [escriturar e apurar o lucro de sua atividade separadamente do lucro do comitente, residente ou domiciliado no exterior];

[...]

VII – o contribuinte não mantiver, em boa ordem e segundo as normas contábeis recomendadas, livro-razão ou fichas utilizados para resumir, totalizar, por conta ou subconta, os lançamentos efetuados no diário;

VIII – o contribuinte não escriturar ou deixar de apresentar à autoridade tributária os livros ou registros auxiliares de que trata o § 2º do art. 177 da Lei nº 6.404, de 15 de dezembro de 1976, e § 2º do art. 8º do Decreto-Lei nº 1.598, de 26 de dezembro de 1977. (BRASIL, 1995)

A tributação com base no lucro arbitrado será manifestada mediante o pagamento da primeira cota ou da cota única do IR devido, correspondente ao período de apuração trimestral em que o contribuinte, pelas razões determinantes na legislação, estiver em condições de proceder ao arbitramento de seu lucro.

O art. 148 do CTN menciona que:

Quando o cálculo do tributo tenha por base, ou tome em consideração, o valor ou o preço de bens, direitos, serviços ou atos jurídicos, a autoridade lançadora, mediante processo regular, arbitrará aquele valor ou preço, sempre que sejam omissos ou não mereçam fé as declarações ou os esclarecimentos prestados, ou os documentos expedidos pelo sujeito passivo ou pelo terceiro legalmente obrigado, ressalvada, em caso de contestação, avaliação contraditória, administrativa ou judicial. (BRASIL, 1966)

Portanto, a adoção do regime de tributação com base no lucro arbitrado só é cabível na ocorrência de qualquer uma das hipóteses de arbitramento citadas. Os percentuais a serem aplicados sobre a receita bruta, quando conhecida, são os mesmos aplicáveis para o cálculo da estimativa mensal e do lucro presumido, acrescidos de 20,00%, conforme a tabela 3, exceto quanto ao fixado para as instituições financeiras que são mantidas em 45,00%.

TABELA 3. **Percentuais aplicados sobre a receita bruta – lucro arbitrado**

ATIVIDADES	PERCENTUAL DE LUCRO S/ FATURAMENTO
Atividades em geral (RIR/1999, art. 532)	9,60%
Revenda de combustíveis	1,92%
Serviços de transporte (exceto transporte de carga)	19,20%
Serviços de transporte de cargas	9,60%
Serviços em geral (exceto serviços hospitalares)	38,40%
Serviços hospitalares	9,60%
Intermediação de negócios	38,40%
Administração, locação ou cessão de bens e direitos de qualquer natureza (inclusive imóveis)	38,40%
Factoring	38,40%
Bancos, instituições financeiras e assemelhados	45,00%

Quando não é conhecida a receita bruta, o lucro arbitrado será determinado por meio de procedimento de ofício, mediante a utilização de uma das alternativas de cálculo indicadas na tabela 4.

TABELA 4. **Alternativas de cálculo para o lucro arbitrado**

BASES ALTERNATIVAS	COEFICIENTE
Lucro real referente ao último período em que a pessoa jurídica manteve escrituração de acordo com as leis comerciais e fiscais	1,50
Soma dos valores do ativo circulante, realizável a longo prazo e permanente, existentes no último balanço patrimonial conhecido	0,04
Valor do capital, inclusive correção monetária contabilizada como reserva de capital, constante do último balanço patrimonial conhecido ou registrado nos atos de constituição ou alteração contratuais	0,07
Valor do patrimônio líquido constante do último balanço patrimonial conhecido	0,05
Valor das compras de mercadorias efetuadas no mês	0,04
Soma, em cada mês, dos valores da folha de pagamento dos empregados e das compras de matérias-primas, produtos intermediários e materiais e embalagem	0,04
Soma dos valores devidos no mês a empregados	0,08
Valor mensal do aluguel	0,90

SIMPLES NACIONAL

Como o próprio nome diz, o simples nacional é um regime tributário simplificado que foi instituído pela Lei Complementar nº 123, de 14 de dezembro de 2006, visando atender basicamente às micro e pequenas empresas. A Lei Complementar nº 147, de 7 de agosto de 2014, trouxe algumas alterações que tratam das normas reguladoras das empresas optantes pelo simples nacional, incluindo novas atividades no regime.

Além de representar economia tributária para alguns setores, o simples nacional é de fácil administração, pois sua agenda é única, o que facilita o controle e o envio de declarações. A título de exemplo de economia tributária, as empresas optantes pelo simples nacional não precisam contribuir com o INSS patronal.

TABELA 5. **Categorias do simples nacional**

CATEGORIA	FATURAMENTO MÁXIMO
Microempreendedor individual (MEI)	R$ 81.000,00
Microempresa (ME)	R$ 360.000,00
Empresa de pequena porte (EPP)	R$ 4.800.000,00

Os impostos e as contribuições contemplados pelo simples nacional consistem em: IRPJ, CSLL, PIS/Pasep (sendo esta última o Programa de Formação do Patrimônio do Servidor Público), Cofins, IPI, ICMS, ISS e INSS. O simples nacional é calculado sobre o valor da receita bruta do mês (base de cálculo), com prazo de pagamento até o dia 20 do mês subsequente, por meio do documento de arrecadação do simples nacional (DAS).

As alíquotas do simples nacional estão divididas em cinco categorias, as quais estão detalhadas por Classificação Nacional de Atividades Econômicas (CNAE) nos anexos I, II, III, IV e V da Lei Complementar nº 123/2006. As tabelas 6 a 10 apresentam um resumo desses anexos.

TABELA 6. **Anexo I da CNAE**

Anexo I – Participantes: empresas de comércio

FAIXAS	RECEITA BRUTA TOTAL EM 12 MESES	ALÍQUOTA (%)	PARCELA DE DEDUÇÃO (R$)
Faixa 1	Até R$ 180.000,00	4,00%	0
Faixa 2	De R$ 180.000,01 a R$ 360.000,00	7,30%	R$ 5.940,00
Faixa 3	De R$ 360.000,01 a R$ 720.000,00	9,50%	R$ 13.860,00
Faixa 4	De R$ 720.000,01 a R$ 1.800.000,00	10,70%	R$ 22.500,00
Faixa 5	De R$ 1.800.000,01 a R$ 3.600.000,00	14,30%	R$ 87.300,00
Faixa 6	De R$ 3.600.000,01 a R$ 4.800.000,00	19,00%	R$ 378.000,00

TABELA 7. **Anexo II da CNAE**

Anexo II – Participantes: fábricas/indústrias e empresas industriais

FAIXAS	RECEITA BRUTA TOTAL EM 12 MESES	ALÍQUOTA (%)	PARCELA DE DEDUÇÃO (R$)
Faixa 1	Até R$ 180.000,00	4,50%	0
Faixa 2	De R$ 180.000,01 a R$ 360.000,00	7,80%	R$ 5.940,00
Faixa 3	De R$ 360.000,01 a R$ 720.000,00	10,00%	R$ 13.860,00
Faixa 4	De R$ 720.000,01 a R$ 1.800.000,00	11,20%	R$ 22.500,00
Faixa 5	De R$ 1.800.000,01 a R$ 3.600.000,00	14,70%	R$ 85.500,00
Faixa 6	De R$ 3.600.000,01 a R$ 4.800.000,00	30,00%	R$ 720.000,00

TABELA 8. **Anexo III da CNAE**

Anexo III – Participantes: empresas que oferecem serviços de instalação, de reparos e de manutenção

FAIXAS	RECEITA BRUTA TOTAL EM 12 MESES	ALÍQUOTA (%)	PARCELA DE DEDUÇÃO (R$)
Faixa 1	Até R$ 180.000,00	6,00%	0
Faixa 2	De R$ 180.000,01 a R$ 360.000,00	11,20%	R$ 9.360,00
Faixa 3	De R$ 360.000,01 a R$ 720.000,00	13,50%	R$ 17.640,00
Faixa 4	De R$ 720.000,01 a R$ 1.800.000,00	16,00%	R$ 35.640,00
Faixa 5	De R$ 1.800.000,01 a R$ 3.600.000,00	21,00%	R$ 125.640,00
Faixa 6	De R$ 3.600.000,01 a R$ 4.800.000,00	33,00%	R$ 648.000,00

TABELA 9. **Anexo IV da CNAE**

Anexo IV – Participantes: empresas que fornecem serviço de limpeza, vigilância, obras, construção de imóveis, serviços advocatícios

FAIXAS	RECEITA BRUTA TOTAL EM 12 MESES	ALÍQUOTA (%)	PARCELA DE DEDUÇÃO (R$)
Faixa 1	Até R$ 180.000,00	4,50%	0
Faixa 2	De R$ 180.000,01 a R$ 360.000,00	9,00%	R$ 8.100,00
Faixa 3	De R$ 360.000,01 a R$ 720.000,00	10,20%	R$ 12.420,00
Faixa 4	De R$ 720.000,01 a R$ 1.800.000,00	14,00%	R$ 39.780,00
Faixa 5	De R$ 1.800.000,01 a R$ 3.600.000,00	22,00%	R$ 183.780,00
Faixa 6	De R$ 3.600.000,01 a R$ 4.800.000,00	33,00%	R$ 828.000,00

TABELA 10. **Anexo V da CNAE**

Anexo V – Participantes: empresas que fornecem serviço de auditoria, jornalismo, tecnologia, publicidade, engenharia, entre outros

FAIXAS	RECEITA BRUTA TOTAL EM 12 MESES	ALÍQUOTA (%)	PARCELA DE DEDUÇÃO (R$)
Faixa 1	Até R$ 180.000,00	15,50%	0
Faixa 2	De R$ 180.000,01 a R$ 360.000,00	18,00%	R$ 4.500,00
Faixa 3	De R$ 360.000,01 a R$ 720.000,00	19,50%	R$ 9.900,00
Faixa 4	De R$ 720.000,01 a R$ 1.800.000,00	20,50%	R$ 17.100,00
Faixa 5	De R$ 1.800.000,01 a R$ 3.600.000,00	23,00%	R$ 62.100,00
Faixa 6	De R$ 3.600.000,01 a R$ 4.800.000,00	30,50%	R$ 540.000,00

Como é possível observar, as tabelas do simples nacional trazem limites anuais de faturamento (receita bruta em 12 meses); todavia, o recolhimento tem como base uma alíquota mensal. Desse modo, o cálculo é feito obedecendo aos seguintes critérios técnicos:

1º) Pegar a receita bruta total dos últimos 12 meses.

2º) Identificar a faixa de faturamento na tabela correspondente à atividade, bem com a alíquota e a parcela de dedução.

3º) Apurar o cálculo da alíquota efetiva.

4º) Encontrar o valor a ser recolhido por meio do DAS.

A tabela 11 apresenta um exemplo de cálculo de recolhimento do simples nacional.

TABELA 11. **Exemplo de cálculo de recolhimento do simples nacional**

Anexo II – Participantes: fábricas/indústrias e empresas industriais

FAIXAS	RECEITA BRUTA TOTAL EM 12 MESES	ALÍQUOTA (%)	PARCELA DE DEDUÇÃO (R$)
Faixa 4	De R$ 720.000,01 a R$ 1.800.000,00	11,20%	R$ 22.500,00
Receita bruta (últimos 12 meses)			R$ 1.200.000,00
Alíquota segundo a faixa 4 e o anexo II			11,20%
Parcela de dedução segundo a faixa 4 e o anexo II			R$ 22.500,00

RB12 × alíquota – parcela de dedução / RB12

R$ 1.200.000,00 × 11,20% – R$ 22.500,00 = R$ 111.900,00 / R$ 1.200.000,00 = 0,0933

0,0933 × 100 = 9,33% = alíquota

Neste capítulo, vimos que a escolha do regime tributário adequado para determinado negócio é fundamental para o sucesso do empreendimento, além de resguardar os sócios de eventuais problemas perante o fisco. Ainda, em alguns casos, um regime específico é obrigatório.

Capítulo 3

Legislação tributária

A CONSTITUIÇÃO FEDERAL

As fontes do direito tributário são materiais e formais. As fontes materiais decorrem da existência dos fatos tributários em si, quais sejam: a renda, o patrimônio, a transmissão, os serviços, a importação, a exportação, a circulação, a distribuição, o consumo, entre outros.

Todavia, para regular os fatos tributários, há de se legalizar sua aplicabilidade por meio da formalização de regras, que nada mais são do que as próprias leis, divididas em primárias e secundárias, porém, sempre obedecendo e submetidas aos limites impostos pela Constituição Federal.

Desse modo, a Constituição Federal é a fonte primeira e mais importante do país, pois é nela que há princípios reguladores de todo o Código Tributário Nacional (CTN). A Constituição Federal não cria tributos, mas estabelece a competência tributária, isto é, quais tributos a União, o Distrito Federal, os estados e os municípios podem instituir e arrecadar.

As fontes primárias estão divididas da seguinte maneira:

Constituição Federal: regula e organiza todas as possíveis atuações do Estado perante a sociedade. Estabelece as competências tributárias entre União, Distrito Federal, estados e municípios. É a diretriz principal das demais legislações.

Emendas constitucionais: são modificações impostas no texto da Constituição Federal, visando a uma adaptação às necessidades vigentes no país e a uma atualização constante diante de relevantes mudanças sociais. Observado os limites legais, elas podem alterar princípios e regulamentações de todo o CTN.

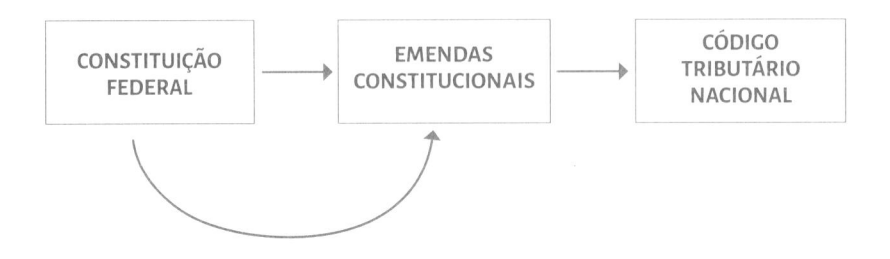

FIGURA 1. **Fontes primárias da legislação brasileira**

Tratados e convenções internacionais: são diretrizes decididas internacionalmente que têm o poder de revogar ou modificar a legislação interna de um país, inclusive a tributária. Na verdade, funcionam como instrumento para estabelecer o equilíbrio entre as nações.

Leis complementares: são criadas para regular o funcionamento de direitos e obrigações definidos na Constituição Federal. Em matéria tributária, a função da lei complementar está definida nos arts. 146, 146-A e 147 da Constituição Federal, ou seja, dispõe sobre conflitos de competência e limites entre os entes federativos, além de estabelecer normas gerais sobre a matéria tributária.

Leis ordinárias: são o tipo de norma mais comum, capazes de instituir, aumentar ou extinguir impostos. São submetidas e aprovadas nas duas casas legislativas por maioria simples, e posteriormente passam pelo presidente da República, que decide se as veta ou se as sanciona.

Leis delegadas: são elaboradas pelo presidente da República em matérias específicas, autorizadas pelo Congresso Nacional e respaldadas na Constituição Federal. Podem ser utilizadas para criar tributos, com exceção daqueles que exigem lei própria.

Medidas provisórias: são editadas pelo presidente da República em casos de urgência e necessidade imediata. Têm força de lei, todavia, devem ser submetidas de imediato ao poder legislativo para que sua constitucionalidade seja apreciada, com prazo máximo de 120 dias para serem convertidas em lei.

Decretos legislativos: como o próprio nome diz, são atos normativos de exclusiva competência do poder legislativo, visando determinar o cumprimento de uma resolução, como tratados e convenções internacionais.

Resoluções do Senado Federal: são instrumentos do processo legislativo destinados ao exercício das competências privativas constitucionais do Senado Federal, previstas no art. 52 da Constituição Federal. Em matéria tributária, estabelecem as alíquotas máximas e mínimas do ICMS, além de fixarem as alíquotas máximas do imposto sobre transmissão *causa mortis* e doação (ITCMD) e a alíquota mínima do imposto sobre propriedades de veículos automotores (IPVA).

Já as fontes secundárias estão divididas da seguinte maneira:

Decretos: configuram um ato, por prerrogativa, exclusivo do chefe do poder executivo e têm como objetivo único garantir a fiel execução das leis tributárias quando elas não estiverem em conformidade e/ou não forem suficientes à sua execução.

Normas complementares: diferentemente das leis complementares, que são previstas pela Constituição Federal, as normas complementares são previstas especialmente pelo art. 100 do CTN. Existem várias espécies delas, por exemplo, atos normativos, decisões administrativas, práticas reiteradas, convênios para os quais será preciso criar regras.

CÓDIGO TRIBUTÁRIO NACIONAL

O Código Tributário Nacional (CTN) é a lei norteadora da aplicabilidade dos tributos: reflete a extensão, o alcance e os limites dos direitos e dos deveres dos contribuintes, da atuação dos agentes fiscalizadores e das demais normas tributárias. Ou seja, é o pilar da matéria tributária. Entre as disposições importantes no CTN, estão a definição dos tributos, o funcionamento dos lançamentos tributários, os aspectos relacionados a obrigações e créditos tributários, bem como prazos de prescrição e decadência.

Podemos elencar os principais artigos do CTN conforme a seguir:

- Art. 3º do CTN – Conceito legal de tributo.
- Art. 9º do CTN – Limitações da competência tributária.
- Art. 100 do CTN – Normas complementares.
- Art. 111 do CTN – Interpretação das normas tributárias.
- Art. 151 do CTN – Suspensão da exigibilidade do crédito tributário.
- Art. 165 do CTN – Restituição de tributos.
- Art. 173 do CTN – Decadência.

É importante observar que o CTN foi criado em 5 de outubro de 1966, e nesse momento a Constituição vigente era aquela que havia sido promulgada em 1946. Nela, ainda não existiam as leis complementares. A partir da Constituição de 1967, foi necessário que o CTN passasse a ser tratado como lei complementar – afinal, sua matéria traz as normas gerais de direito tributário. Hoje, a Constituição de 1988 prevê tal disposição em seu art. 146, III.

> Art. 146. Cabe à lei complementar:
> I – dispor sobre conflitos de competência, em matéria tributária, entre a União, os Estados, o Distrito Federal e os Municípios;
> II – regular as limitações constitucionais ao poder de tributar;
> III – estabelecer normas gerais em matéria de legislação tributária, especialmente sobre:
> a) definição de tributos e de suas espécies, bem como, em relação aos impostos discriminados nesta Constituição, a dos respectivos fatos geradores, bases de cálculo e contribuintes;

b) obrigação, lançamento, crédito, prescrição e decadência tributários;

c) adequado tratamento tributário ao ato cooperativo praticado pelas sociedades cooperativas;

d) definição de tratamento diferenciado e favorecido para as microempresas e para as empresas de pequeno porte, inclusive regimes especiais ou simplificados no caso do imposto previsto no art. 155, II, das contribuições previstas no art. 195, I e §§ 12 e 13, e da contribuição a que se refere o art. 239.

Parágrafo único. A lei complementar de que trata o inciso III, d, também poderá instituir um regime único de arrecadação dos impostos e contribuições da União, dos Estados, do Distrito Federal e dos Municípios, observado que:

I – será opcional para o contribuinte;

II – poderão ser estabelecidas condições de enquadramento diferenciadas por Estado;

III – o recolhimento será unificado e centralizado e a distribuição da parcela de recursos pertencentes aos respectivos entes federados será imediata, vedada qualquer retenção ou condicionamento;

IV – a arrecadação, a fiscalização e a cobrança poderão ser compartilhadas pelos entes federados, adotado cadastro nacional único de contribuintes. Art. 146-A. Lei complementar poderá estabelecer critérios especiais de tributação, com o objetivo de prevenir desequilíbrios da concorrência, sem prejuízo da competência de a União, por lei, estabelecer normas de igual objetivo. (BRASIL, 1988)

LEIS FEDERAIS, ESTADUAIS E MUNICIPAIS

Conforme já mencionado, cada ente federativo é responsável pelas legislações que lhe competem, ou seja, as leis federais, estaduais e municipais dizem respeito aos legislativos federal, estadual e municipal, respectivamente.

Quando as leis são editadas, apesar de vinculadas à União, aos estados e aos municípios, devem obedecer rigorosamente às premissas básicas da Constituição Federal, que é a lei maior. Em outras palavras, é proibido os entes federativos legislarem sobre matérias que não são de sua competência.

É importante observar ainda que as leis devem obedecer aos princípios constitucionais, objetivando a segurança jurídica e a estabilidade econômica.

Um dos princípios constitucionais que versam sobre segurança jurídica é que nenhuma lei pode ser aplicada de maneira retroativa, tampouco, em matérias tributárias, ter vigência imediata. Isto é, só passam a ter validade no exercício seguinte, respeitados 90 dias de sua edição.

Em casos emergenciais, o governo pode editar as chamadas *medidas provisórias* para criar tributos com exigência imediata, porém, isso não exime a necessidade de submeter a medida provisória à apreciação do poder legislativo para a sua transformação em lei.

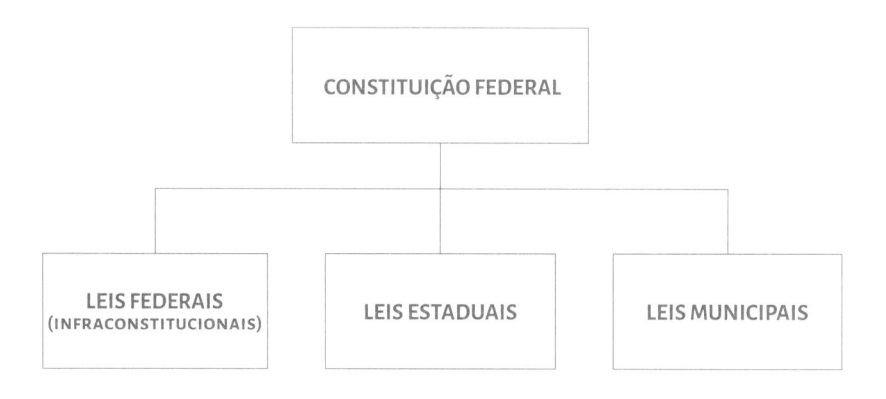

FIGURA 2. **Hierarquia dos instrumentos legislativos**

Como mostra a figura 2, não existe hierarquização entre as leis federais, estaduais e municipais, pois cada uma tem a própria aplicabilidade e competência em matéria tributária. Mas todas elas devem estar em conformidade com os ditames da Constituição Federal.

Conforme visto, cada uma das legislações trata dos tributos de sua competência:

- Legislação federal: IRPJ, PIS, Cofins, INSS, IOF, IE e IPI.
- Legislação estadual: ICMS, ITCMD e IPVA.
- Legislação municipal: ISS, IPTU e ITBI.

Capítulo 4

Planejamento tributário

ELISÃO FISCAL

O planejamento tributário, conhecido como *elisão fiscal*, é um procedimento amplo que tem por objetivo o estudo prévio do melhor regime tributário a ser adotado por determinada empresa. Logo, o planejamento tributário, além de trazer benefícios do ponto vista operacional, reflete de maneira positiva sobre o fluxo de caixa da empresa, o que gera uma economia no momento do recolhimento de impostos.

Portanto, é um instrumento jurídico-legal que, aliado ao trabalho da área contábil, é capaz de organizar a vida do contribuinte, inclusive para evitar a sonegação fiscal em decorrência de dificuldades financeiras.

Há duas espécies de elisão fiscal: a primeira decorrente da própria lei, como os chamados "incentivos fiscais", e a segunda em razão de brechas existentes no sistema tributário, que pode ser explorado de modo inteligente e saudável pelo contribuinte.

O planejamento tributário é feito em todas as esferas, recorrendo desde os tributos municipais até os estaduais e os federais. Para termos uma ideia prática da efetividade do planejamento tributário, basta usar como exemplo o ISS cobrado pelos municípios, pois, dependendo da variação de uma cidade para outra, a empresa prestadora de serviços poderá optar pela instalação de seu negócio na cidade vizinha.

Essa é apenas uma das estratégias que visam reduzir a carga tributária de uma empresa, fazendo disso o planejamento tributário. Todos esses fatores devem ser relacionados e simulados previamente para se obter uma prévia dos valores que serão gastos.

A seguir, apresentamos um passo a passo de como realizar um planejamento tributário no momento da constituição de uma empresa:

1º) Estudar a legislação aplicável à atividade com a intenção de identificar a existência de incentivos fiscais, isenções e eventuais questionamentos jurídico-tributários em discussão.

2º) Escolher o regime tributário mais apropriado para o ramo de atividade da empresa e de acordo com o faturamento estimado (simples nacional, lucro presumido, lucro real e lucro arbitrado).

3º) Analisar os benefícios tributários, como abatimentos e ressarcimentos aplicáveis à atividade com o regime tributário escolhido. Para tanto, é necessário fazer uma análise das legislações estadual e municipal do local onde a empresa será instalada.

4º) Conciliar, de acordo com a planilha orçamentária das receitas, os recebimentos com as datas de vencimento dos impostos, de modo a programar, se necessário, a adoção de medidas financeiras para fazer frente aos compromissos.

Nos dias atuais, o planejamento tributário está aliado à tecnologia, pois, com um software de gestão contábil, o consultor tem a seu alcance as melhores ferramentas para compreender a realidade da empresa e sugerir as abordagens de elisão fiscal.

LEGISLAÇÃO   REGIME   BENEFÍCIOS   RESULTADO

FIGURA 1. **Fluxo do planejamento tributário**

EVASÃO FISCAL

A evasão fiscal, popularmente conhecida como sonegação fiscal, é um problema grave enfrentado no Brasil, pois é grande o número de empresas que não recolhem seus impostos de maneira regular e burlam o sistema de arrecadação, causando enormes prejuízos econômicos. É importante destacar que a evasão fiscal pode ser decorrente de má-fé do contribuinte, mas também de algum equívoco praticado pela administração. No caso de erro, ele é passível de correção, para atenuar a penalidade.

Praticar crimes contra a ordem tributária, como a sonegação fiscal, gera penalidades previstas na Lei nº 8.137, de 27 de dezembro de 1990:

> Art. 1º. Constitui crime contra a ordem tributária suprimir ou reduzir tributo, ou contribuição social e qualquer acessório, mediante as seguintes condutas:
>
> I – omitir informação, ou prestar declaração falsa às autoridades fazendárias;
>
> II – fraudar a fiscalização tributária, inserindo elementos inexatos, ou omitindo operação de qualquer natureza, em documento ou livro exigido pela lei fiscal;
>
> III – falsificar ou alterar nota fiscal, fatura, duplicata, nota de venda, ou qualquer outro documento relativo à operação tributável;
>
> IV – elaborar, distribuir, fornecer, emitir ou utilizar documento que saiba ou deva saber falso ou inexato;
>
> V – negar ou deixar de fornecer, quando obrigatório, nota fiscal ou documento equivalente, relativa à venda de mercadoria ou prestação de serviço, efetivamente realizada, ou fornecê-la em desacordo com a legislação.
>
> [...]
>
> Parágrafo único. A falta de atendimento da exigência da autoridade, no prazo de 10 (dez) dias, que poderá ser convertido em horas em razão da maior ou menor complexidade da matéria ou da dificuldade quanto ao atendimento da exigência, caracteriza a infração prevista no inciso V.
>
> Art. 2º. Constitui crime da mesma natureza:
>
> I – fazer declaração falsa ou omitir declaração sobre rendas, bens ou fatos, ou empregar outra fraude, para eximir-se, total ou parcialmente, de pagamento de tributo;

II – deixar de recolher, no prazo legal, valor de tributo ou de contribuição social, descontado ou cobrado, na qualidade de sujeito passivo de obrigação e que deveria recolher aos cofres públicos;

III – exigir, pagar ou receber, para si ou para o contribuinte beneficiário, qualquer percentagem sobre a parcela dedutível ou deduzida de imposto ou de contribuição como incentivo fiscal;

IV – deixar de aplicar, ou aplicar em desacordo com o estatuído, incentivo fiscal ou parcelas de imposto liberadas por órgão ou entidade de desenvolvimento;

V – utilizar ou divulgar programa de processamento de dados que permita ao sujeito passivo da obrigação tributária possuir informação contábil diversa daquela que é, por lei, fornecida à Fazenda Pública.

[...]

(BRASIL, 1990)

Portanto, um gestor de uma empresa que não declara as vendas reais efetuadas, para evitar elevar o valor dos impostos ou ultrapassar o limite de seu enquadramento tributário, também está praticando a evasão fiscal.

É importante observar que a inadimplência no pagamento não constitui crime tributário, pois um contribuinte declarou seus impostos, ou seja, não houve omissão, porém, por falta de planejamento adequado, ele não conseguiu arcar com a alta carga tributária. Para alguns casos, a Receita Federal do Brasil (RFB) tem criado programas de parcelamentos e descontos, conhecidos como Refis, tanto para pessoas físicas como jurídicas, a fim de sanar os problemas dos débitos tributários perante o Estado.

A alta da carga de tributos, aliada ao alto custo para manter a subsistência da própria vida e das empresas, além do aumento dos gastos da máquina pública, fez que ocorresse uma procura indiscriminada pela diminuição do pagamento desses tributos, com o objetivo de manter-se em um mercado competitivo. Nele, o custo de produção e o preço final passado ao consumidor são fundamentais para a existência dessas empresas.

IMUNIDADE E ISENÇÃO FISCAL

Antes de falarmos de isenção fiscal, é necessário distingui-la da imunidade tributária. A imunidade tributária decorre de previsão na Constituição Federal, enquanto a isenção é regulamentada por lei ordinária do ente político que possui competência para a instituição de determinado tributo.

No caso da imunidade, o art. 150, inciso VI, da Constituição Federal estabelece que é proibido à União, ao Distrito Federal, aos estados e aos municípios instituir imposto sobre: patrimônio, renda ou serviço, uns dos outros, templos de qualquer culto, partidos políticos, entidades sindicais dos trabalhadores, instituição de educação e de assistência social, livros, jornais, periódicos e o papel destinado a sua impressão.

Além das imunidades supracitadas, existem outras formas de imunidade mais específicas, também contempladas pela Constituição Federal, conforme a seguir (BRASIL, 1988):

- Imposto sobre "produtos industrializados destinados ao exterior" (art. 153, § 3º, inciso III).
- ICMS quanto a mercadorias e serviços destinados ao exterior (art. 155, § 2º, inciso X, alínea a).
- ICMS "nas prestações de serviço de comunicação nas modalidades de radiodifusão sonora e de sons e imagens de recepção livre e gratuita" (art. 155, § 2º, inciso X, alínea d).
- ITBI "sobre a transmissão de bens ou direitos incorporados ao patrimônio de pessoa jurídica em realização de capital, nem sobre a transmissão de bens ou direitos decorrente de fusão, incorporação, cisão ou extinção de pessoa jurídica, salvo se, nesses casos, a atividade preponderante do adquirente for a compra e venda desses bens ou direitos, locação de bens imóveis ou arrendamento mercantil" (art. 156, § 2º, inciso I).
- Contribuições sociais para a seguridade social das "entidades beneficentes de assistência social que atendam às exigências estabelecidas em lei" (art. 195, § 7º).

A isenção fiscal, tratada no presente capítulo, deve sempre decorrer de lei específica e detalhada, ou seja, há de se mencionar no texto legal a qual tributo se refere a isenção, as condições estabelecidas e o prazo de vigência (art. 176 do Código Tributário Nacional – CTN).

O contribuinte deverá comprovar com documentos perante a autoridade competente em conceder o benefício seu enquadramento e cumprir o preenchimento de todos os requisitos exigidos pela lei. É importante observar que a isenção pode ser por região em condições específicas, as quais devem ser analisadas minuciosamente pelo beneficiário.

Conforme o art. 177 do CTN, a isenção não é extensiva: "I – às taxas e às contribuições de melhoria; II – aos tributos instituídos posteriormente à sua concessão" (BRASIL, 1966).

O art. 178 do CTN menciona que "a isenção, salvo se concedida por prazo certo e em função de determinadas condições, pode ser revogada ou modificada por lei, a qualquer tempo" (BRASIL, 1966).

A seguir, apresentamos os tipos de isenção e seus exemplos:

Condicionada: o contribuinte só terá direito ao benefício se cumprir todas as exigências previstas no texto legal, dando prova de seu direito perante a autoridade tributária. Exemplo: uma indústria que vai se instalar em determinado município terá isenção de IPTU se empregar uma quantidade mínima de funcionários ("x" empregados) e mantiver um programa assistencial.

Incondicionada: a lei estabelece a hipótese de concessão do benefício, sem estipular qualquer condicionante (contrapartida); ou seja, o beneficiário tem direito a ele desde que se enquadre nos requisitos ali previstos. A isenção incondicionada pode atingir um número maior de empresas e pessoas e não depende de despacho da autoridade administrativa. Exemplo: faixa de isenção do IRPF previsto na tabela progressiva. Pessoas que ganham até "x" reais estão isentas do imposto, no entanto, devem apresentar a declaração (obrigação acessória).

Por prazo certo: a lei estabelece um prazo determinado durante o qual os contribuintes terão o benefício, ou seja, por um ou mais anos. Gera direito adquirido para quem obtém o benefício. Exemplo: empresas que se instalarem em determinada cidade no período de 2 anos, a contar da edição da lei, terão isenção do ISS.

Por prazo indeterminado: a lei não fixa um prazo para o fim da isenção estabelecido na legislação que a instituiu. Dessa forma, essa isenção pode ser revogada, mediante lei, a qualquer momento, observando o princípio da anterioridade, que dará segurança jurídica ao contribuinte. Exemplo: uma pessoa com neoplasia maligna tem direito à isenção do IR sobre o benefício de aposentadoria, assim como uma pessoa acometida por moléstia grave constante na lista de doenças previstas na Lei nº 7.713, de 22 de dezembro de 1988.

Cumpre observar, porém, que a isenção não exime o contribuinte das obrigações acessórias, ou seja, entrega de declarações, escrituração contábil e fiscal, documentos de suporte, entre outras.

Capítulo 5

A contabilidade e os tributos

CLASSIFICAÇÃO CONTÁBIL E FISCAL

A contabilidade é um sistema que visa fornecer informações econômico-financeiras para a tomada de decisões. Os mais diversos usuários utilizam essas informações e, portanto, elas devem ser tempestivas, úteis, compreensivas e comparáveis. A contabilidade exerce ainda um papel fundamental no controle dos tributos, pois nela se registram os fatos que dão origem às obrigações tributárias. Por isso, uma contabilidade organizada e bem-feita espelha confiabilidade em seus resultados.

Na contabilidade, registram-se desde os impostos devidos, que compreendem obrigações federais, estaduais e municipais, até impostos a serem compensados decorrentes de créditos tributários. Os valores a pagar são lançados no passivo circulante, e os valores a compensar ou receber, no ativo circulante. Portanto, as empresas que possuem créditos de impostos devem classificar de maneira adequada a entrada dos produtos e configurar os parâmetros sobre o custeio do estoque.

Um dos parâmetros criados para a classificação contábil e fiscal das mercadorias é a Nomenclatura Comum do Mercosul (NCM), que tem como base o Sistema Harmonizado (SH), criado pela Organização Mundial do Comércio (OMC). A NCM é um sistema ordenado que permite, pela aplicação de regras e procedimentos próprios, estabelecer um único código numérico para uma determinada mercadoria. Uma vez conhecido, esse código passa a representar a própria mercadoria.

Os principais aspectos que tornam a classificação fiscal das mercadorias fundamental são:

- Ser diretamente ligada às alíquotas de impostos incidentes sobre a comercialização e a circulação de mercadorias – II, IPI e ICMS.
- Identificar mercadorias que estão inclusas em incentivos fiscais com alíquotas diferenciadas, reduções ou isenções, regimes aduaneiros especiais, tratamentos administrativos, obtenção de licenças, etc.

Com o código NCM em mãos, é possível visualizar as possíveis tributações da tarifa externa comum (TEC), da tabela de incidência do imposto sobre produtos industrializados (Tipi), de PIS e Cofins, do ICMS e do ICMS-ST (substituição tributária do ICMS), além dos valores de pauta fiscal do ICMS-ST e do enquadramento nacional ao código especificador da substituição tributária (Cest).

A classificação fiscal de mercadorias é, portanto, um valor numérico, de oito dígitos, que descreve e detalha determinado produto e atribui a ele as alíquotas dos impostos aplicáveis, como ICMS, IPI, PIS e Cofins. O grande problema é que justamente os fabricantes ou importadores têm utilizado com grande frequência classificações incorretas, códigos NCM indevidos, fora da vigência ou inexistentes. É preciso saber descrever o produto em detalhes como composição, formas de utilização e finalidade, além de possíveis nomes alternativos (comercial, técnico, informal), formas de acondicionamento, entre outras características.

A figura 1 apresenta o procedimento para a leitura dos códigos NCM.

FIGURA 1. **Procedimento de leitura dos códigos NCM**

A figura 2 apresenta um exemplo dessa leitura.

Seção	I	Animais vivos e produtos do reino animal
Capítulo	01	Animais vivos
Posição	0104	Animais vivos das espécies ovina e caprina
Subposição	0104.10	Ovinos
Item	0104.10.1	Reprodutores de raça pura
Subitem	0104.10.11	Prenhe ou com cria ao pé

FIGURA 2. **Exemplo de leitura de um código NCM**

Da mesma maneira, é essencial estar atento à legislação, uma vez que o comprador da mercadoria não pode alegar que recebeu o documento fiscal com irregularidade por desconhecer a tributação do imposto cabível à operação praticada. De acordo com o art. 128 do CTN e o art. 5º da Lei Complementar nº 87, de 13 de setembro de 1996, o recebimento do documento fiscal com incorreções pode ocasionar a responsabilidade solidária em relação à irregularidade cometida pelo remetente.

Para que a classificação seja feita corretamente, devem ser consultadas todas as informações tributárias vinculadas aos códigos NCM.

A consulta à NCM de um produto pode ser realizada no site da Receita Federal do Brasil (RFB) no sistema de Tabelas Aduaneiras. Nessa consulta, é possível ter acesso a todas as informações cadastradas e disponibilizadas pelo governo federal; desse modo, é encontrada a melhor classificação fiscal para uma mercadoria. Além disso, também é possível fazer o download da tabela de NCM no portal da Nota Fiscal Eletrônica (NF-e).

CONTABILIZAÇÃO DOS TRIBUTOS

Os lançamentos contábeis (contabilização) fazem parte da técnica de escrituração. É o momento no qual se registra os fatos contábeis e fiscais com base em documentos válidos e aceitos pela legislação comercial e fiscal, que por sua vez são sintetizados e geram os relatórios que denominamos de demonstrações contábeis. Para fazer os lançamentos contábeis relacionados a tributos, é preciso considerar a seguinte ordem de questionamentos:

1º Qual é o tipo de lançamento a realizar?

– Apropriação, pagamento ou compensação?

2º Qual é a natureza das contas contábeis?

– Devedoras ou credoras (ativo/passivo)?

Uma empresa que comprou determinada mercadoria para revenda é tributada pelo regime não cumulativo, no qual os tributos deverão ser destacados do valor do estoque.

Exemplo: supondo que uma empresa adquiriu uma mercadoria no valor de R$ 1.250,00 para revenda, sendo portanto tributada pelo regime não cumulativo, em que ponto os tributos deverão ser destacados do valor do estoque? Nesse caso, os tributos não cumulativos – PIS, Cofins, IPI e ICMS – deverão ser informados em separado (tabela 1).

TABELA 1. **Exemplo de tributação no regime não cumulativo**

NA COMPRA DA MERCADORIA:		

a) Lançamento contábil:

D	Estoque	R$ 1.000,00
D	ICMS a recuperar	R$ 125,00
D	PIS a recuperar	R$ 50,00
D	Cofins a recuperar	R$ 75,00
C	Fornecedores	R$ 1.250,00

b) Baixa no estoque:

D	CMV	R$ 1.000,00
C	Estoques	R$ 1.000,00

c) Apuração do ICMS:

D	ICMS	R$ 360,00
C	ICMS a recolher	R$ 360,00

d) Compensação do ICMS:

D	ICMS a recolher	R$ 125,00
C	ICMS a recuperar	R$ 125,00

e) Pagamento ICMS (fazendo a compensação):

D	ICMS a recolher	R$ 235,00
C	Bancos com movimento	R$ 235,00

O mesmo raciocínio se aplica a PIS, Cofins e IPI. O valor devido pela empresa pode ser compensado com os créditos que ela possui na contabilidade. Também se deve considerar que não é necessário vender a mercadoria para utilizar o crédito de tributos. Quando há o destaque do estoque, já é possível empregar o crédito. Assim, uma empresa com múltiplas operações deve controlar o crédito que possui, mas não precisa esperar para administrar o uso do crédito até a baixa do produto no estoque.

Os lançamentos deverão estar explicitados nos livros contábeis obrigatórios para a atividade, o que chamamos de obrigações acessórias. As contas que contemplam os tributos podem ser visualizadas no balanço contábil da empresa, que revela os *saldos totais*, como ilustrado nas tabelas 2 e 3.

TABELA 2. **Saldos totais no balanço patrimonial de uma empresa – no ativo**

ATIVO	
ATIVO CIRCULANTE	**2.445.500,00**
Disponível	**531.500,00**
Caixa	1.500,00
Bancos Conta Movimento	300.00,00
Aplicações financeiras	230.000,00
Realizável a curto prazo	**1.914.000,00**
Clientes	505.000,00
Outros créditos	35.000,00
Tributos a recuperar	**85.000,00**
Investimentos de curto prazo	100.000,00
Estoques	1.189.000,00

(cont.)

ATIVO	
ATIVO NÃO CIRCULANTE	**1.374.500,00**
Realizável a longo prazo	**820.000,00**
Créditos de longo prazo	500.000,00
Empréstimos a sócios	320.000,00
Imobilizado	**475.000,00**
Móveis e utensílios	155.000,00
(–) Depreciação acumulada de móveis e utensílios	–30.000,00
Instalações	600.000,00
(–) Depreciação acumulada de instalações	–250.000,00
Intangível	**79.500,00**
Fundo de comércio	125.000,00
(–) Amortização de fundo de comércio	–45.500,00
ATIVO TOTAL	**3.820.000,00**

A conta *Tributos a recuperar* do ativo representa os créditos tributários de direito da empresa e pode incluir diversos impostos, como ICMS a recuperar, PIS a recuperar e Cofins a recuperar. Eles só serão conhecidos após o fechamento contábil e a apuração fiscal das entradas e saídas da empresa.

TABELA 3. **Saldos totais no balanço patrimonial de uma empresa – no passivo**

PASSIVO	
PASSIVO CIRCULANTE	2.100.000,00
Exigível a curto prazo	2.100.000,00
Fornecedores	845.000,00
Empréstimos e financiamentos	550.000,00
Tributos a recolher	139.000,00
Obrigações trabalhistas e previdenciárias	195.500,00
Outras obrigações	35.500,00
Participações e destinações do lucro líquido	335.000,00
PASSIVO NÃO CIRCULANTE	628.300,00
Exigível a longo prazo	628.300,00
Empréstimos e financiamentos de longo prazo	200.00,00
Obrigações tributárias diferidas	360.000,00
Contingências trabalhistas de longo prazo	53.000,00
Outras provisões	15.300,00
PATRIMÔNIO LÍQUIDO	1.091.700,00
Capital social	840.000,00
Capital integralizado	840.000,00
Reservas de capital	251.700,00
Lucros a realizar	46.500,00
Reserva de lucros acumulados	205.200,00
PASSIVO TOTAL	3.820.000,00

A conta *Tributos a recolher* do passivo representa os débitos de impostos, ou seja, as obrigações da empresa a curto prazo, como ICMS a recolher, IPI a recolher, ISS a recolher, PIS a recolher, Cofins a recolher, IRPJ a recolher,

CSLL a recolher, entre outros. É importante observar que a conta geralmente se apresenta consolidada no balanço patrimonial (BP).

Quando aberta no sistema, essa conta se apresenta conforme indicado na tabela 4.

TABELA 4. **Subitens da conta *Tributos a recolher* do passivo circulante no balanço patrimonial**

Tributos a recolher	139.000,00
ICMS a recolher	33.000,00
IPI a recolher	23.000,00
ISS a recolher	25.000,00
PIS a recolher	9.000,00
Cofins a recolher	12.000,00
IRPJ a recolher	23.000,00
CSLL a recolher	14.000,00

A conta *Obrigações trabalhistas e previdenciárias,* do passivo circulante, representa os débitos das contribuições sociais e trabalhistas, como INSS a recolher, INSS sobre o 13º, Fundo de Garantia do Tempo de Serviço (FGTS) a recolher, entre outros. É importante observar que a conta geralmente se apresenta consolidada no BP.

Já a conta *Obrigações tributárias diferidas*, do passivo exigível a longo prazo (ELP), na verdade, pode representar um parcelamento tributário em razão de débito da empresa junto ao governo (por exemplo, programa de parcelamento Refis).

O BP é um relatório contábil consolidado que traz os saldos das principais contas sempre no encerramento do exercício, seja trimestral ou anual. Todavia, se a empresa deseja ver a informação mensalmente, terá acesso ao *balancete contábil* do mês, que, por sua vez, traz os resultados que espelham o BP.

O BP não traz o resultado operacional da empresa detalhado – ou seja, as vendas, os custos, as despesas, o cálculo dos impostos e o lucro apurado. O relatório contábil utilizado para esse fim é a *demonstração do resultado do exercício (DRE)*.

APURAÇÃO E RESULTADOS

Após todos os lançamentos realizados na contabilidade, que, por sua vez, estão espelhados no livro-diário e no livro-razão, o resultado operacional da empresa é detalhado na DRE. Um exemplo dele é apresentado na tabela 5.

TABELA 5. **Exemplo da demonstração do resultado do exercício (DRE)**

DEMONSTRAÇÃO DO RESULTADO DO EXERCÍCIO		ONDE TEM TRIBUTOS?
Faturamento bruto	1.680.000,00	
(–) IPI	–479.976,00	Imposto federal
Receita bruta de vendas	1.200.024,00	
Impostos incidentes s/ vendas	–413.402,22	
(–) PIS	–19.800,40	Imposto federal
(–) Cofins	–91.201,82	Imposto federal
(–) ICMS	–302.400,00	Imposto estadual
Receita líquida de vendas	786.621,78	
Custo dos produtos vendidos	–430.000,00	
Lucro bruto	356.621,78	

(cont.)

DEMONSTRAÇÃO DO RESULTADO DO EXERCÍCIO		ONDE TEM TRIBUTOS?
Despesas operacionais	**−140.526,50**	
Salários (área comercial)	−54.000,00	
13º s/ salários	−4.500,00	
Férias + ⅓ de férias?	−6.000,00	
Encargos sociais (INSS + FGTS)	−23.026,50	Contribuições sociais
Reembolsos	−53.000,00	
Despesas administrativas	**−49.073,16**	
Salários (área administrativa)	−27.000,00	
13º s/ salários	−2.250,00	
Férias + ⅓ de férias	−3.000,00	
Encargos sociais (INSS + FGTS)	−1.513,25	Contribuições sociais
IPVA (carros da empresa)	−3.200,00	Imposto estadual
IPTU (prédio do escritório)	−2.760,00	Imposto municipal
Depreciação	−658,34	
Diversos	−8.691,57	
Despesas financeiras	**−96.567,57**	
Juros	−90.828,57	
IOF	−5.739,00	Imposto federal
Lucro bruto	**70.454,55**	
IRPJ	**−17.613,64**	
Provisão	−17.613,67	Imposto federal
CSLL	**−6.340,91**	
Provisão	−6.340,91	Imposto federal
Lucro/prejuízo do exercício	**46.500,00**	

Capítulo 6

Competência tributária

IMPOSTOS FEDERAIS

IPI

O imposto sobre produtos industrializados (IPI) é um imposto federal – portanto, de competência da União – que incide sobre os produtos da indústria nacional ou na importação de produtos estrangeiros no momento de desembaraço aduaneiro. As regras do IPI estão reguladas pelo Decreto nº 7.212, de 15 de junho de 2010.

O IPI exerce uma função reguladora à medida que onera os produtos de acordo com sua utilidade; ou seja, produtos supérfluos possuem uma alíquota maior, e produtos essenciais, uma alíquota menor, podendo, inclusive, ser zerada pelo governo a qualquer tempo. É um tributo que não está sujeito ao princípio da anterioridade, razão pela qual suas alíquotas podem ser alteradas pelo poder executivo ao longo do exercício.

Conforme disposto no art. 4º do Decreto nº 7.212, de 15 de junho de 2010:

Art. 4º. Caracteriza industrialização qualquer operação que modifique a natureza, o funcionamento, o acabamento, a apresentação ou a finalidade do produto, ou o aperfeiçoe para consumo, tal como:

I – a que, exercida sobre matérias-primas ou produtos intermediários, importe na obtenção de espécie nova (transformação);

II – a que importe em modificar, aperfeiçoar ou, de qualquer forma, alterar o funcionamento, a utilização, o acabamento ou a aparência do produto (beneficiamento);

III – a que consista na reunião de produtos, peças ou partes e de que resulte um novo produto ou unidade autônoma, ainda que sob a mesma classificação fiscal (montagem);

IV – a que importe em alterar a apresentação do produto, pela colocação da embalagem, ainda que em substituição da original, salvo quando a embalagem colocada se destine apenas ao transporte da mercadoria (acondicionamento ou reacondicionamento); ou

V – a que, exercida sobre produto usado ou parte remanescente de produto deteriorado ou inutilizado, renove ou restaure o produto para utilização (renovação ou recondicionamento). (BRASIL, 2010)

Ainda conforme o Decreto nº 7.212, de 15 de junho de 2010, em seu art. 5º:

Art. 5º. Não se considera industrialização:

I – o preparo de produtos alimentares, não acondicionados em embalagem de apresentação:

a) na residência do preparador ou em restaurantes, bares, sorveterias, confeitarias, padarias, quitandas e semelhantes, desde que os produtos se destinem à venda direta a consumidor; ou

b) em cozinhas industriais, quando destinados à venda direta a pessoas jurídicas e a outras entidades, para consumo de seus funcionários, empregados ou dirigentes;

II – o preparo de refrigerantes, à base de extrato concentrado, por meio de máquinas, automáticas ou não, em restaurantes, bares e estabelecimentos similares, para venda direta a consumidor;

III – a confecção ou preparo de produto de artesanato, definido no art. 7º;

IV – a confecção de vestuário, por encomenda direta do consumidor ou usuário, em oficina ou na residência do confeccionador;

V – o preparo de produto, por encomenda direta do consumidor ou usuário, na residência do preparador ou em oficina, desde que, em qualquer caso, seja preponderante o trabalho profissional;

VI – a manipulação em farmácia, para venda direta a consumidor, de medicamentos oficinais e magistrais, mediante receita médica;

VII – a moagem de café torrado, realizada por estabelecimento comercial varejista como atividade acessória;

VIII – a operação efetuada fora do estabelecimento industrial, consistente na reunião de produtos, peças ou partes e de que resulte:

a) edificação (casas, edifícios, pontes, hangares, galpões e semelhantes, e suas coberturas);

b) instalação de oleodutos, usinas hidrelétricas, torres de refrigeração, estações e centrais telefônicas ou outros sistemas de telecomunicação e telefonia, estações, usinas e redes de distribuição de energia elétrica e semelhantes; ou

c) fixação de unidades ou complexos industriais ao solo;

IX – a montagem de óculos, mediante receita médica;

X – o acondicionamento de produtos classificados nos Capítulos 16 a 22 da TIPI, adquiridos de terceiros, em embalagens confeccionadas sob a forma de cestas de Natal e semelhantes;

XI – o conserto, a restauração e o recondicionamento de produtos usados, nos casos em que se destinem ao uso da própria empresa executora ou quando essas operações sejam executadas por encomenda de terceiros não estabelecidos com o comércio de tais produtos, bem como o preparo, pelo consertador, restaurador ou recondicionador, de partes ou peças empregadas exclusiva e especificamente naquelas operações;

XII – o reparo de produtos com defeito de fabricação, inclusive mediante substituição de partes e peças, quando a operação for executada gratuitamente, ainda que por concessionários ou representantes, em virtude de garantia dada pelo fabricante;

XIII – a restauração de sacos usados, executada por processo rudimentar, ainda que com emprego de máquinas de costura;

XIV – a mistura de tintas entre si, ou com concentrados de pigmentos, sob encomenda do consumidor ou usuário, realizada em estabelecimento comercial varejista, efetuada por máquina automática ou manual, desde que fabricante e varejista não sejam empresas interdependentes, controladora, controlada ou coligadas; e

XV – a operação de que resultem os produtos relacionados na Subposição 2401.20 da TIPI, quando exercida por produtor rural pessoa física.

Parágrafo único. O disposto no inciso VIII não exclui a incidência do imposto sobre os produtos, partes ou peças utilizados nas operações nele referidas. (BRASIL, 2010)

FATO GERADOR

As principais hipóteses de ocorrência do fato gerador do IPI são:

Na importação: o desembaraço aduaneiro de produtos de procedência estrangeira.

Na operação interna: a saída de produto de estabelecimento industrial, ou equiparado a industrial.

BASE DE CÁLCULO

O IPI possui como base de cálculo:

Na importação: o valor que servir ou que serviria de base para o cálculo dos tributos aduaneiros, por ocasião do despacho de importação, acrescido do montante desses tributos e dos encargos cambiais efetivamente pagos pelo importador ou deste exigível.

Na operação interna: o valor total da operação de que decorrer a saída do estabelecimento industrial ou equiparado a industrial.

ALÍQUOTA

As alíquotas são variáveis e estão presentes na tabela de incidência do imposto sobre produtos industrializados (Tipi). Essa tabela pode ser encontrada no site da Receita Federal do Brasil (RFB).

CONTRIBUINTE

São obrigados ao pagamento do imposto como contribuintes: o importador, em relação ao fato gerador decorrente do desembaraço aduaneiro de produto de procedência estrangeira; o industrial, em relação ao fato gerador decorrente da saída de produto que industrializar em seu estabelecimento, bem como aos demais fatos geradores decorrentes de atos que praticar; o estabelecimento equiparado a industrial, quanto ao fato gerador relativo aos produtos que dele saírem, assim como os demais fatos geradores decorrentes de atos que praticar; os que consumirem ou utilizarem em outra finalidade, ou remeterem a pessoas que não sejam empresas jornalísticas ou editoras, o papel destinado à impressão de livros, jornais e periódicos, quando alcançado pela imunidade prevista na Constituição Federal.

CÁLCULOS

Supondo que o preço de um produto industrializado seja de R$ 10.000,00 e que a Tipi determina uma alíquota de 15,00% para tal produto, o valor do imposto deve ser destacado na nota fiscal e cobrado do comprador por conta e ordem da União. O IPI, diferentemente do ICMS, por exemplo, não está embutido no preço do produto em uma operação de venda. Ele é, portanto, cobrado separadamente na nota fiscal e somado ao valor total.

Valor da nota fiscal × alíquota Tipi = valor a recolher

TABELA 1. **Cálculo do IPI**

CÁLCULO DO IPI	
Valor do produto – destacado na nota fiscal	R$ 10.000,00
Alíquota conforme a Tipi	15,00%
Valor do imposto a ser recolhido	**R$ 1.500,00**
Valor total da nota fiscal	R$ 11.500,00

IRPJ

O imposto de renda pessoa jurídica (IRPJ) é um imposto federal que incide sobre o faturamento e sobre o lucro, dependendo do regime tributário escolhido, como citado no capítulo 2, "O Estado brasileiro e os tributos". A arrecadação com o IR é usada para financiar projetos públicos, fomentar o desenvolvimento social e aprimorar setores como os de transporte, saúde, educação e segurança. Em resumo, é um imposto pago pelas empresas que retorna em forma de benefício comum.

A Instrução Normativa RFB nº 1.700, de 14 de março de 2017, estabelece que a administração e a fiscalização do IRPJ e da Contribuição Social sobre o Lucro Líquido (CSLL) competem à Secretaria da RFB.

FATO GERADOR

O fato gerador do IR, conforme o art. 43 do Código Tributário Nacional (CTN), é a aquisição da disponibilidade econômica ou jurídica de renda ou de proventos de qualquer natureza: de renda como o produto do capital, do trabalho ou da combinação de ambos; de proventos como de qualquer natureza, assim entendidos os acréscimos patrimoniais não incluídos no conceito de renda.

BASE DE CÁLCULO

A base de cálculo do IRPJ, determinada segundo a legislação vigente na data da ocorrência do respectivo fato gerador, é o lucro real, o lucro presumido, o lucro arbitrado ou o simples nacional correspondente ao período de apuração.

Lucro real: é o lucro líquido do período de apuração, calculado de acordo com a legislação societária e ajustado pelas adições, exclusões ou compensações definidas na legislação do IR. Nesta modalidade, há de se fazer a contabilidade completa para constar os impostos diretos, além dos custos das mercadorias vendidas, das despesas operacionais, administrativas e financeiras e da depreciação.

Lucro presumido: é o lucro estimado pela aplicação de um percentual sobre a receita bruta do contribuinte. O percentual representa uma suposta margem de lucro que a empresa teve no período, ou seja, não considera as deduções e os abatimentos como no lucro real.

Lucro arbitrado: também consiste na aplicação de um percentual sobre a receita bruta, e diferencia-se do lucro presumido pelo fato de geralmente ser aplicado pela autoridade fazendária em decorrência de alguma inconformidade na contabilidade. Os percentuais do lucro arbitrado são os mesmos do lucro presumido, porém acrescidos de 20%.

Simples nacional: a base de cálculo do simples nacional é o faturamento médio dos últimos 12 meses, com alíquota única estimada com base na tabela da legislação anexa ao imposto, que por sua vez engloba vários outros tributos.

ALÍQUOTA

As alíquotas do IR em vigor são as seguintes:

a) 15% sobre o lucro real, presumido ou arbitrado apurado pelas pessoas jurídicas em geral, seja seu objeto comercial ou civil.

b) 10% sobre o lucro que exceder o resultado da multiplicação de R$ 20.000,00 pelo número de meses do respectivo período de apuração. Também está sujeita ao adicional a parcela da base de cálculo estimada mensalmente, no caso das pessoas jurídicas que optaram pela apuração do IR sobre o lucro real anual, o presumido ou o arbitrado que exceder R$ 20.000,00. A alíquota do adicional é única para todas as pessoas jurídicas, inclusive instituições financeiras, sociedades seguradoras e assemelhadas.

As empresas enquadradas no simples nacional têm o IRPJ calculado sobre o faturamento (conforme percentuais da tabela do simples), uma vez que o IRPJ está contido dentro do documento de arrecadação do simples nacional (DAS), que contempla diversos tributos.

São contribuintes do IRPJ:

a) As pessoas jurídicas.

b) As empresas individuais.

CÁLCULOS

Supondo que o faturamento de uma empresa no trimestre seja de R$ 300.000,00, os impostos sobre o faturamento somem R$ 81.750,00, os custos somem R$ 100.000,00 e as despesas operacionais (dedutíveis) somem R$ 50.000,00, temos a situação ilustrada nas tabelas 2 a 4.

Lucro real = lucro líquido × 15% + 10% adicional s/ parcela excedente de R$ 20.000,00 no mês ou R$ 60.000,00 no trimestre

TABELA 2. **Cálculo do IRPJ – lucro real**

CÁLCULO DO IRPJ (LUCRO REAL)	
Faturamento (trimestre)	R$ 300.000,00
(–) Impostos (PIS/Cofins/ICMS)	R$ 81.750,00
Lucro bruto	**R$ 218.250,00**
(–) Custos (CPV)	R$ 100.000,00
(–) Despesas	R$ 50.000,00
Lucro líquido	**R$ 68.250,00**
(–) CSLL – 9%	R$ 6.142,50
(–) IR – 15%	R$ 10.237,50
IR – 10% (parcela adicional)	R$ 825,00

Lucro presumido = faturamento × percentual de arbitramento × 15% + 10% adicional s/ parcela excedente de R$ 60.000,00 no trimestre

TABELA 3. **Cálculo do IRPJ – lucro presumido**

CÁLCULO DO IRPJ (LUCRO PRESUMIDO)	
Faturamento (trimestre)	R$ 300.000,00
(–) Margem do lucro presumido (conf. tabela – 32%)	R$ 96.000,00
(–) CSLL – 9%	R$ 8.640,00
(–) IR – 15%	R$ 14.400,00
IR – 10% (parcela adicional)	R$ 3.600,00

Lucro arbitrado = faturamento × percentual de arbitramento (acrescido de 20%) × 15% + 10% adicional s/ parcela excedente; ou alternativamente = contas do ativo × índice da tabela

TABELA 4. **Cálculo do IRPJ – lucro arbitrado**

CÁLCULO DO IRPJ (LUCRO ARBITRADO)	
Faturamento (trimestre)	R$ 300.000,00
(–) Margem do lucro presumido (conf. tabela – 32% + 20% = 38%)	R$ 114.000,00
(–) CSLL – 9%	R$ 10.260,00
(–) IR – 15%	R$ 17.100,00
IR – 10% (parcela adicional)	R$ 5.400,00

Simples nacional = faturamento médio × alíquota calculada de acordo com a tabela do imposto (exemplo no capítulo 2)

TABELA 5. **Cálculo do IRPJ – simples nacional**

Anexo II – Participantes: fábricas/indústrias e empresas industriais

FAIXA	RECEITA BRUTA TOTAL EM 12 MESES	ALÍQUOTA (%)	PARCELA DE DEDUÇÃO (R$)
Faixa 4	De R$ 720.000,01 a R$ 1.800.000,00	11,20%	R$ 22.500,00
Receita bruta (últimos 12 meses)			R$ 1.200.000,00
Alíquota segundo a faixa 4 e o anexo II			11,20%
Parcela de dedução segundo a faixa 4 e o anexo II			R$ 22.500,00

RB12 × alíquota – parcela de dedução / RB12

R$ 1.200.000,00 × 11,20% – R$ 22.500,00 = R$ 111.900,00 / R$ 1.200.000,00 = 0,0933

0,0933 × 100 = 9,33% = alíquota

CÁLCULO DO IRPJ (SIMPLES NACIONAL)	
Faturamento (mês)	R$ 100.000,00
Valor do imposto (alíquota do simples nacional = 9,33%)*	R$ 9.330,00

*Já incluso IRPJ, Cofins, IPI, ISS, ICMS, PIS/Pasep e CPP. A CSLL possui um valor fixo.

CSLL

A Contribuição Social sobre o Lucro Líquido (CSLL) foi criada pela Lei nº 7.689, de 15 de dezembro de 1988, para fins de custeio da seguridade social e está amparada pelo art. 195 da Constituição Federal. É uma contribuição de competência da União incidente sobre o lucro das empresas, incluídos aqueles grupos que se equiparam à pessoa jurídica para fins de tributação do IR.

A seguridade social compõe-se de recursos provenientes dos poderes públicos federais, estaduais, municipais e de contribuições sociais das pessoas jurídicas, visando proteger os cidadãos no que se refere a seus direitos quanto a saúde, aposentadoria e situações de desemprego.

FATO GERADOR

O fato gerador da CSLL é o mesmo do IR, que, na verdade, consiste no lucro real, presumido ou arbitrado, dependendo do regime. As empresas enquadradas no simples nacional têm como fato gerador o faturamento do mês.

BASE DE CÁLCULO

A base de cálculo da CSLL, determinada segundo a legislação vigente na data da ocorrência do respectivo fato gerador, é o resultado ajustado (lucro real), resultado presumido (lucro presumido) ou resultado arbitrado (lucro arbitrado) correspondente ao período de apuração.

As empresas enquadradas no simples nacional têm a CSLL calculada sobre o faturamento (conforme tabela do simples), uma vez que a CSLL está contida dentro do DAS, que contempla diversos tributos.

ALÍQUOTA

Lucro real, presumido e arbitrado: 9% para as pessoas jurídicas em geral e 15% no caso das pessoas jurídicas consideradas instituições financeiras, de seguros privados e de capitalização.

Simples nacional: alíquota única (calculada com base na média do faturamento), que por sua vez contempla vários outros tributos.

CONTRIBUINTE

São contribuintes do CSLL:

a) As pessoas jurídicas.

b) As empresas individuais.

CÁLCULOS

Supondo que o faturamento de uma empresa no trimestre seja de R$ 300.000,00, os impostos sobre o faturamento somem R$ 81.750,00, os custos somem R$ 100.000,00 e as despesas operacionais (dedutíveis) somem R$ 50.000,00, temos a situação ilustrada nas tabelas 6 a 8.

$$\text{Lucro real} = \text{lucro líquido ajustado} \times \text{alíquota de 9\% ou 15\% dependendo da atividade}$$

TABELA 6. **Cálculo do CSLL – lucro real**

CÁLCULO DA CSLL (LUCRO REAL)	
Faturamento (trimestre)	R$ 300.000,00
(−) Impostos (PIS/Cofins/ICMS)	R$ 81.750,00
Lucro bruto	**R$ 218.250,00**
(−) Custos (CPV)	R$ 100.000,00
(−) Despesas	R$ 50.000,00
Lucro líquido	**R$ 68.250,00**
(−) CSLL – 9%	**R$ 6.142,50**
(−) IR – 15%	R$ 10.237,50
IR – 10% (parcela adicional)	R$ 825,00

Lucro presumido = faturamento × percentual de margem
de lucro conforme tabela × 9%

TABELA 7. **Cálculo da CSLL – lucro presumido**

CÁLCULO DA CSLL (LUCRO PRESUMIDO)	
Faturamento (trimestre)	R$ 300.000,00
(–) Margem do lucro presumido (conf. tabela – 32%)	R$ 96.000,00
(–) CSLL – 9%	**R$ 8.640,00**
(–) IR – 15%	R$ 14.400,00
IR – 10% (parcela adicional)	R$ 3.600,00

Lucro arbitrado = faturamento × percentual de arbitramento
(acrescido de 20%) × 9%

TABELA 8. **Cálculo da CSLL – lucro arbitrado**

CÁLCULO DA CSLL (LUCRO ARBITRADO)	
Faturamento (trimestre)	R$ 300.000,00
(–) Margem do lucro presumido (conf. tabela – 32% + 20% = 38%)	R$ 114.000,00
(–) CSLL – 9%	**R$ 10.260,00**
(–) IR – 15%	R$ 17.100,00
IR – 10% (parcela adicional)	R$ 5.400,00

Simples nacional = CSLL tem um valor fixo

PIS/Pasep e Cofins

O PIS/Pasep e a Cofins, exigidos atualmente, são contribuições sociais no âmbito de competência da União que têm como destino o financiamento da seguridade social. No atual sistema, temos duas formas de cálculo do PIS/Pasep e da Cofins: o regime de incidência cumulativa e o regime de incidência não cumulativa.

Regime de incidência cumulativa: a base de cálculo é o total das receitas da pessoa jurídica, sem deduções dos custos, despesas e encargos. As pessoas jurídicas de direito privado e as equiparadas pela legislação do IR que apuram o IRPJ com base no lucro presumido ou arbitrado estão sujeitas à incidência cumulativa.

Regime de incidência não cumulativa: a base de cálculo é o total das receitas da pessoa jurídica, porém com a possibilidade de deduções dos custos, despesas e encargos. As pessoas jurídicas de direito privado e as equiparadas pela legislação do IR que apuram o IRPJ com base no lucro real estão sujeitas à incidência não cumulativa, exceto:

- Instituições financeiras.
- Cooperativas de crédito.
- Pessoas jurídicas que tenham por objeto a securitização de créditos imobiliários e financeiros.
- Operadoras de planos de assistência à saúde.
- Empresas particulares que exploram serviços de vigilância e de transporte de valores de que trata a Lei nº 7.102, de 20 de junho de 1983.
- Sociedades cooperativas (exceto as sociedades cooperativas de produção agropecuária e as sociedades cooperativas de consumo).

FATO GERADOR

O PIS/Pasep e a Cofins têm como fato gerador o faturamento mensal, entendido como o total das receitas auferidas pela pessoa jurídica.

BASE DE CÁLCULO

A base de cálculo é a receita operacional bruta da pessoa jurídica, com deduções em relação a custos, despesas e encargos no regime não cumulativo (lucro real) e sem deduções no regime cumulativo (lucro presumido e lucro arbitrado).

ALÍQUOTA

Regime de incidência não cumulativa:

- PIS/Pasep: 1,65%.
- Cofins: 7,60%.

Regime de incidência cumulativa:

- PIS/Pasep: 0,65%.
- Cofins: 3,00%.

CONTRIBUINTE

São contribuintes do PIS/Pasep e Cofins:

a) As pessoas jurídicas.

b) As empresas individuais.

CÁLCULOS

Cálculo no sistema não cumulativo: nele, além das deduções na base de cálculo a título de exclusões, vendas canceladas e descontos incondicionais concedidos, o contribuinte poderá se aproveitar dos créditos embutidos nos custos e nas despesas.

TABELA 9. **Cálculo do PIS/Pasep e da Cofins – lucro real**

CÁLCULO DO PIS/PASEP E COFINS (LUCRO REAL)

1ª parte

Faturamento (mês)	R$ 100.000,00
(–) Deduções exclusões	R$ –
(–) Vendas canceladas	R$ –5.000,00
(–) Descontos incondicionais concedidos	R$ –10.000,00
Base de cálculo após deduções	**R$ 85.000,00**
(–) PIS/Pasep 1,65%	R$ 1.402,50
(–) Cofins 7,60%	R$ 6.460,00

2ª parte

Créditos	
Compras de mercadorias	**R$ 30.000,00**
(+) Crédito do PIS/Pasep (R$ 30.000,00 × 1,65%)	R$ 495,00
(+) Crédito Cofins (R$ 30.000,00 × 7,60%)	R$ 2.280,00
Despesas com energia	**R$ 2.000,00**
(+) Crédito do PIS/Pasep (R$ 2.000,00 × 1,65%)	R$ 33,00
(+) Crédito Cofins (R$ 20.000,00 × 7,60%)	R$ 152,00

3ª parte (valores a recolher)

PIS/Pasep	
Aplicação da alíquota sobre a base de cálculo – PIS s/ receita	R$ 1.402,50
Dedução dos créditos (R$ 495,00 + R$ 33,00)	R$ 528,00
PIS/Pasep devido	**R$ 874,50**
Cofins	
Aplicação da alíquota sobre a base de cálculo – Cofins s/ receita	R$ 6.460,00
Dedução dos créditos (R$ 2.280,00 + R$ 152,00)	R$ 2.432,00
Cofins devido	**R$ 4.028,00**

Cálculo no sistema cumulativo: nele, serão consideradas apenas as deduções sobre o faturamento, ou seja, exclusões, vendas canceladas e descontos incondicionais concedidos. Todavia, o contribuinte não poderá se aproveitar dos créditos embutidos nos custos e nas despesas.

TABELA 10. **Cálculo do PIS/Pasep e da Cofins – lucro presumido**

CÁLCULO DO PIS/PASEP E COFINS (LUCRO PRESUMIDO)	
Faturamento (mês)	R$ 100.000,00
(–) Deduções exclusões	R$ –
(–) Vendas canceladas	R$ –5.000,00
(–) Descontos incondicionais concedidos	R$ –10.000,00
Base de cálculo após deduções	**R$ 85.000,00**
(–) PIS/Pasep 0,65%	**R$ 552,50**
(–) Cofins 3,00%	**R$ 2.550,00**

Simples nacional: nele, o PIS/Pasep e a Cofins já estão embutidos no percentual total (alíquota), que por sua vez engloba outros tributos.

IMPOSTOS ESTADUAIS

ICMS

O imposto sobre circulação de mercadorias e serviços (ICMS) é um imposto de competência estadual e, sem dúvidas, tem um dos sistemas mais complexos de legislação e regras. O ICMS incide sobre a circulação de mercadorias, prestação de serviços interestaduais e intermunicipais e de comunicação, ainda que a operação se inicie no exterior.

O ICMS é um tributo fundamental para a receita dos estados e dos municípios, pois o valor arrecadado é investido em serviços essenciais. Sua regulamentação depende de cada estado, apresentando alíquotas internas diferentes de um estado para o outro.

Praticamente sobre todas as operações de venda e importação de produtos, transportes e prestação de serviços incide ICMS. Ou seja, qualquer pessoa, física ou jurídica, que participa da cadeia de circulação e compra de um produto ou serviço é considerada contribuinte, mesmo que de maneira indireta, pois o valor do imposto é aplicado ao valor final do produto adquirido – é sempre o consumidor final que arca com o pagamento do ICMS.

Por mais que o ICMS seja um tributo quase absoluto para os negócios e as operações comerciais do mercado brasileiro, existem atividades que não se enquadram na aplicação da cobrança dele. Alguns exemplos que estão isentos são: comércio e circulação de jornais, livros, periódicos e o papel destinado à impressão; exportação de mercadorias e de produtos primários e industrializados semielaborados; produção de energia e combustíveis; atividades ligadas ao ouro, quando definido como ativo financeiro ou como instrumento cambial; operações com arrendamento mercantil e transferência de bens imóveis; operações de hortifrutigranjeiros embalados ou resfriados; compra de veículos por taxistas; compra de veículos adaptados para pessoas com deficiência.

Dentro do estudo do ICMS, temos duas modalidades importantes a serem abordadas: a substituição tributária do ICMS (ICMS-ST) e o diferencial de alíquota (Difal).

ICMS-ST

O ICMS-ST veio para facilitar o sistema de arrecadação e fiscalização por parte do governo, além de garantir esse recurso de maneira antecipada, evitando, inclusive, a questão da sonegação.

Esse regime da substituição tributária transfere a responsabilidade pelo recolhimento do ICMS devido nas operações a outro contribuinte. Essa responsabilidade é atribuída geralmente ao fabricante ou importador, no que se refere às mercadorias, e ao tomador, no que se refere aos serviços. Dessa maneira, o contribuinte deve calcular, cobrar e recolher o imposto que seria devido por outro contribuinte.

O recolhimento feito de maneira antecipada pelo contribuinte vale para toda a cadeia de circulação da mercadoria. Ou seja, a partir do momento em que o primeiro da cadeia realiza o pagamento, os demais fazem suas vendas sem nova tributação do ICMS.

No ICMS-ST, os valores devidos na operação são discriminados na nota fiscal, modificando o preço da mercadoria negociada. Na nota fiscal, deve constar também o código especificador da substituição tributária, para identificar as mercadorias e os bens que estão sujeitos a essa substituição. A padronização tem como principal objetivo identificar mais facilmente quais são os produtos que estão submetidos a esse regime de tributação, assim como a antecipação de recolhimento do imposto.

Na substituição tributária, temos dois participantes:

- **Substituto tributário:** no momento que vende um produto, é aquele a quem a legislação obriga, além de pagar o imposto próprio, a fazer a retenção do imposto referente às operações seguintes, recolhendo-o em separado daquele condizente às próprias operações. Esse papel de substituto é atribuído aos fabricantes e aos importadores de produtos estrangeiros, ou seja, é sempre o primeiro da cadeia de circulação do produto.

- **Substituído tributário:** é quem recebe o produto de um fabricante ou de um importador com o ICMS já recolhido em uma etapa anterior. Esse papel costuma ficar com o comerciante, seja atacadista ou varejista, que adquire a mercadoria com imposto retido. Assim, os contribuintes enquadrados nas atividades de atacadista, distribuidor ou comerciante já recebem as mercadorias com o imposto retido nas aquisições internas.

A Constituição da República Federativa do Brasil prevê, no § 7º de seu art. 150, que:

> A lei poderá atribuir a sujeito passivo de obrigação tributária a condição de responsável pelo pagamento de imposto ou contribuição, cujo fato gerador deva ocorrer posteriormente, assegurada a imediata e preferencial restituição da quantia paga, caso não se realize o fato gerador presumido. (BRASIL, 1988)

A Constituição prevê ainda, no item "b" do inciso XII do art. 155, que cabe à lei complementar "dispor sobre substituição tributária" (BRASIL, 1988).

Por sua vez, a Lei Complementar nº 87, de 13 de setembro de 1996, que dispõe sobre o ICMS, de competência dos estados e do Distrito Federal, prevê que lei estadual poderá atribuir a contribuinte do imposto ou a depositário a qualquer título a responsabilidade pelo pagamento de imposto incidente sobre uma ou mais prestações antecedentes, concomitantes ou subsequentes. Tal responsabilidade, uma vez configuradas as hipóteses legais, é aplicada tanto para contribuintes do recibo de pagamento autônomo (RPA) como para os do simples nacional.

Existem as seguintes modalidades de substituição tributária:

- **Substituição de operações antecedentes (diferimento):** o momento do lançamento e do pagamento do imposto fica diferido (adiado) para momento futuro, e a responsabilidade do imposto fica transferida para destinatário da mercadoria ou do serviço, desde que seja contribuinte do mesmo estado.

- **Substituição de operações e prestações concomitantes:** no caso dos serviços de transporte de carga com início em território paulista, por exemplo, as transportadoras de outros estados e os transportadores autônomos serão substituídos sempre que contratados por um contribuinte paulista, mesmo que seja optante do simples nacional.

- **Substituição de operações subsequentes (retenção do ICMS na fonte):** o fabricante ou importador será o substituto e repassará ao estado, separadamente do valor de seu imposto próprio, o valor do ICMS retido por substituição tributária de seus clientes revendedores.

Mais adiante, veremos um exemplo do cálculo da substituição tributária, bem como das outras modalidades do ICMS.

DIFAL

O diferencial de alíquota do ICMS é um instrumento criado para proteger a competitividade do estado onde o comprador da mercadoria ou do serviço está sediado. Na verdade, o diferencial de alíquota é a diferença entre a alíquota interna do destinatário e a alíquota interestadual do remetente. Essa diferença já foi rateada entre as partes, vendedor e comprador; todavia, pela atual sistemática, esse encargo (pagamento da diferença) recai totalmente sobre o comprador (adquirente) da mercadoria.

Se considerarmos a alíquota interna do estado de São Paulo (18%) em comparação a uma alíquota interestadual de 7% de outro estado, a diferença será de 11% a pagar pelo adquirente dessa mercadoria situado em outro estado.

FATO GERADOR

A Lei Complementar nº 87, de 13 de setembro de 1996, dispõe:

> Art. 12. Considera-se ocorrido o fato gerador do imposto no momento:
> I – da saída de mercadoria de estabelecimento de contribuinte, ainda que para outro estabelecimento do mesmo titular;
> II – do fornecimento de alimentação, bebidas e outras mercadorias por qualquer estabelecimento;
> III – da transmissão a terceiro de mercadoria depositada em armazém geral ou em depósito fechado, no Estado do transmitente;
> IV – da transmissão de propriedade de mercadoria, ou de título que a represente, quando a mercadoria não tiver transitado pelo estabelecimento transmitente;
> V – do início da prestação de serviços de transporte interestadual e intermunicipal, de qualquer natureza;
> VI – do ato final do transporte iniciado no exterior;
> VII – das prestações onerosas de serviços de comunicação, feita por qualquer meio, inclusive a geração, a emissão, a recepção, a transmissão, a retransmissão, a repetição e a ampliação de comunicação de qualquer natureza;
> VIII – do fornecimento de mercadoria com prestação de serviços:
> a) não compreendidos na competência tributária dos Municípios;
> b) compreendidos na competência tributária dos Municípios e com indicação expressa de incidência do imposto da competência estadual, como definido na lei complementar aplicável;

IX – do desembaraço aduaneiro das mercadorias importadas do exterior;

X – do recebimento, pelo destinatário, de serviço prestado no exterior;

XI – da aquisição em licitação pública de mercadorias ou bens importados do exterior e apreendidos ou abandonados;

XII – da entrada no território do Estado de lubrificantes e combustíveis líquidos e gasosos derivados de petróleo e energia elétrica oriundos de outro Estado, quando não destinados à comercialização ou à industrialização;

XIII – da utilização, por contribuinte, de serviço cuja prestação se tenha iniciado em outro Estado e não esteja vinculada a operação ou prestação subsequente. (BRASIL, 1996)

BASE DE CÁLCULO

A base de cálculo do ICMS, como regra geral, é o valor da operação relativa à circulação das mercadorias, ou o preço do respectivo serviço. Na base do cálculo, se incluem as despesas recebidas ou debitadas do adquirente, bem como os descontos condicionais.

Quanto ao ICMS-ST, no art. 8º da Lei Complementar nº 87, de 13 de setembro de 1996, ao tratar do regime de substituição tributária, fica determinado que a base de cálculo será o valor correspondente ao preço de venda para o consumidor, acrescido do valor do frete, do IPI e das demais despesas debitadas ao estabelecimento destinatário, bem como da parcela resultante da aplicação do índice de valor agregado (IVA), também chamado de margem de lucro. O IVA é estabelecido pelo fisco de acordo com os aspectos específicos de cada mercadoria.

BC = (valor da mercadoria + frete + IPI + outras despesas) × margem de lucro ou IVA

ALÍQUOTA

Alíquotas internas (base)

Primeiramente, cumpre observar que as alíquotas se alteram de acordo com a mercadoria ou o serviço, podendo variar de 7% a 35%. Caso as operações contem com movimentações internas, a alíquota do ICMS é a do estado onde a transação ocorre, e geralmente varia de 17% a 19%, conforme apresenta a tabela 11.

TABELA 11. **Alíquotas internas, de acordo com o estado brasileiro**

ESTADOS	ALÍQUOTA
ICMS no Acre	17,00%
ICMS em Alagoas	18,00%
ICMS no Amapá	18,00%
ICMS no Amazonas	18,00%
ICMS na Bahia	18,00%
ICMS no Ceará	18,00%
ICMS no Distrito Federal	18,00%
ICMS no Espírito Santo	17,00%
ICMS em Goiás	17,00%
ICMS no Maranhão	18,00%
ICMS no Mato Grosso	17,00%
ICMS no Mato Grosso do Sul	17,00%
ICMS em Minas Gerais	18,00%
ICMS no Pará	17,00%
ICMS na Paraíba	18,00%
ICMS no Paraná	18,00%
ICMS em Pernambuco	18,00%

(cont.)

ESTADOS	ALÍQUOTA
ICMS no Piauí	18,00%
ICMS no Rio de Janeiro	18,00% + 2,00%
ICMS no Rio Grande do Sul	18,00%
ICMS no Rio Grande do Norte	18,00%
ICMS em Rondônia	17,50%
ICMS em Roraima	17,00%
ICMS em Santa Catarina	17,00%
ICMS em São Paulo	18,00%
ICMS em Sergipe	18,00%
ICMS no Tocantins	18,00%

Obs.: as alíquotas internas podem variar conforme os produtos.

Alíquotas interestaduais

As alíquotas interestaduais são definidas por uma resolução do Senado e aplicável nas operações externas, ou seja, sobre as transações com origem e destino em estados diferentes. Por exemplo, no caso do estado de São Paulo como estado de origem, temos: 7% para operações com destino ao Espírito Santo e estados das regiões Norte, Nordeste e Centro-Oeste, e 12% para operações com destino aos estados das regiões Sul e Sudeste (exceto Espírito Santo).

TABELA 12. **Alíquotas interestaduais (ICMS de estado para estado)**

													DESTINO															
UF	**AC**	**AL**	**AM**	**AP**	**BA**	**CE**	**DF**	**ES**	**GO**	**MA**	**MT**	**MS**	**MG**	**PA**	**PB**	**PR**	**PE**	**PI**	**RN**	**RS**	**RJ**	**RO**	**RR**	**SC**	**SP**	**SE**	**TO**	**IM**
AC	17	12	12	12	12	12	12	12	12	12	12	12	12	12	12	12	12	12	12	12	12	12	12	12	12	12	12	4
AL	12	12	12	12	12	12	12	12	12	12	12	12	12	12	12	12	12	12	12	12	12	12	12	12	12	12	12	4
AM	12	12	18	12	12	12	12	12	12	12	12	12	12	12	12	12	12	12	12	12	12	12	12	12	12	12	12	4
AP	12	12	12	18	12	12	12	12	12	12	12	12	12	12	12	12	12	12	12	12	12	12	12	12	12	12	12	4
BA	12	12	12	12	18	12	12	12	12	12	12	12	12	12	12	12	12	12	12	12	12	12	12	12	12	12	12	4
CE	12	12	12	12	12	18	12	12	12	12	12	12	12	12	12	12	12	12	12	12	12	12	12	12	12	12	12	4
DF	12	12	12	12	12	12	18	12	12	12	12	12	12	12	12	12	12	12	12	12	12	12	12	12	12	12	12	4
ES	12	12	12	12	12	12	12	17	12	12	12	12	12	12	12	12	12	12	12	12	12	12	12	12	12	12	12	4
GO	12	12	12	12	12	12	12	12	17	12	12	12	12	12	12	12	12	12	12	12	12	12	12	12	12	12	12	4
MA	12	12	12	12	12	12	12	12	12	18	12	12	12	12	12	12	12	12	12	12	12	12	12	12	12	12	12	4
MT	12	12	12	12	12	12	12	12	12	12	17	12	12	12	12	12	12	12	12	12	12	12	12	12	12	12	12	4
MS	12	12	12	12	12	12	12	12	12	12	12	17	12	12	12	12	12	12	12	12	12	12	12	12	12	12	12	4
MG	7	7	7	7	7	7	7	7	7	7	7	7	18	7	7	12	7	7	7	12	12	7	7	12	12	7	7	4
PA	12	12	12	12	12	12	12	12	12	12	12	12	12	17	12	12	12	12	12	12	12	12	12	12	12	12	12	4
PB	12	12	12	12	12	12	12	12	12	12	12	12	12	12	18	12	12	12	12	12	12	12	12	12	12	12	12	4
PR	7	7	7	7	7	7	7	7	7	7	7	7	7	7	7	18	7	7	7	12	12	7	7	12	12	7	7	4
PE	12	12	12	12	12	12	12	12	12	12	12	12	12	12	12	12	18	12	12	12	12	12	12	12	12	12	12	4
PI	12	12	12	12	12	12	12	12	12	12	12	12	12	12	12	12	12	18	12	12	12	12	12	12	12	12	12	4
RN	12	12	12	12	12	12	12	12	12	12	12	12	12	12	12	12	12	12	18	12	12	12	12	12	12	12	12	4
RS	7	7	7	7	7	7	7	7	7	7	7	7	12	7	7	12	7	7	7	18	12	7	7	12	12	7	7	4
RJ	7	7	7	7	7	7	7	7	7	7	7	7	12	7	7	12	7	7	7	12	20	7	7	12	12	7	7	4
RO	12	12	12	12	12	12	12	12	12	12	12	12	12	12	12	12	12	12	12	12	12	17,5	12	12	12	12	12	4
RR	12	12	12	12	12	12	12	12	12	12	12	12	12	12	12	12	12	12	12	12	12	12	17	12	12	12	12	4
SC	7	7	7	7	7	7	7	7	7	7	7	7	12	7	7	12	7	7	7	12	12	7	7	17	12	7	7	4
SP	7	7	7	7	7	7	7	7	7	7	7	7	12	7	7	12	7	7	7	12	12	7	7	12	18	7	7	4
SE	12	12	12	12	12	12	12	12	12	12	12	12	12	12	12	12	12	12	12	12	12	12	12	12	12	18	12	4
TO	12	12	12	12	12	12	12	12	12	12	12	12	12	12	12	12	12	12	12	12	12	12	12	12	12	12	18	4
IM	4	4	4	4	4	4	4	4	4	4	4	4	4	4	4	4	4	4	4	4	4	4	4	4	4	4	4	

ORIGEM

É qualquer pessoa, física ou jurídica, que realize, com periodicidade ou em volume que caracterize intuito comercial, operações de circulação de mercadoria ou prestações de serviços de transporte interestadual e intermunicipal e de comunicação, ainda que as operações e as prestações se iniciem no exterior. É também contribuinte a pessoa física ou jurídica que, mesmo sem habitualidade:

> I – importe mercadorias ou bens do exterior, qualquer que seja a sua finalidade;
> II – seja destinatária de serviço prestado no exterior ou cuja prestação se tenha iniciado no exterior;
> III – adquira em licitação de mercadorias ou bens apreendidos ou abandonados;
> IV – adquira lubrificantes e combustíveis líquidos e gasosos derivados de petróleo e energia elétrica oriundos de outro Estado, quando não destinados à comercialização ou à industrialização. (BRASIL, 1996)

CÁLCULOS

A seguir, veremos o cálculo do ICMS nas operações interestaduais internas e no recolhimento das diferenças (Difal).

TABELA 13. **Cálculo do ICMS – com alíquotas interestaduais**

CÁLCULO DO ICMS (POR FORA)	
Valor da mercadoria	R$ 10.000,00
Alíquota ICMS-SP (18%)	R$ 1.800,00
Valor total da mercadoria	**R$ 11.800,00**

TABELA 14. **Cálculo do ICMS – com alíquotas internas**

CÁLCULO DO ICMS (POR DENTRO)	
Valor da mercadoria	R$ 10.000,00
Alíquota ICMS-SP (18% – por dentro conf. cálculo a seguir)	R$ 2.195,12
Valor total da mercadoria	**R$ 12.195,12**
Alíquota 18% / 100 = 0,82	
Preço do produto: R$ 10.000,00 / 0,82 = R$ 12.195,10	
R$ 12.195,10 × 18% = R$ 2.195,12	
Alíquota efetiva (R$ 2.195,12 / R$ 10.000,00) = 0,2195 0,2195 × 100 = 21,95% = alíquota	

TABELA 15. **Cálculo do ICMS – Difal**

CÁLCULO DO ICMS (DIFAL) – AMBOS SÃO CONTRIBUINTES	
Convênio firmado entre os estados	
Exemplo: mercadoria do Rio de Janeiro para São Paulo	
Valor da mercadoria	R$ 10.000,00
Alíquota ICMS – Interestadual (12%)	R$ 1.200,00
Alíquota interna do ICMS em São Paulo (18%)	R$ 1.800,00
Difal a ser pago pelo remetente da mercadoria (5%)	**R$ 500,00**

O Difal só será pago pelo remetente à ordem do estado destinatário se houver convênio firmado entre os estados. Caso contrário, o ICMS (Difal) deverá ser pago pelo destinatário.

É importante observar que a Lei Complementar nº 190, de 4 de janeiro de 2022, promoveu alterações sobre a matéria (Difal), mais precisamente nas prestações e nas operações interestaduais destinadas ao consumidor ou usuário final contribuinte ou não do ICMS.

Em resumo, a nova lei complementar altera quatro artigos e acrescenta outros dois artigos na Lei Kandir (Lei Complementar nº 87/1996).

a) Altera:

» O art. 4º, que versa sobre o contribuinte do ICMS.

» O art. 11, que define o local de cobrança para efeitos de recolhimento do ICMS.

» O art. 12, que trata sobre o fato gerador do ICMS.

» O art. 13, que trata sobre a base de cálculo do ICMS.

b) Acrescenta:

» O art. 20-A, que versa sobre o crédito do ICMS.

» O art. 24-A, que prevê a criação do Portal Único do Difal.

TABELA 16. **Cálculo do ICMS-ST**

CÁLCULO DO ICMS – SUBSTITUIÇÃO TRIBUTÁRIA	
Valor da mercadoria + frete = seguro + outras despesas acessórias – descontos	R$ 11.600,00
Valor do ICMS interno SP (18%) – ICMS próprio	R$ 2.088,00
Valor da mercadoria + frete = seguro + outras despesas acessórias – descontos	**R$ 11.600,00**
IVA (simulado em 40%)	**R$ 4.640,00**
Base de cálculo do ICMS-ST	R$ 16.240,00
Valor do ICMS-ST calculado (mesma alíquota – op. interna)	R$ 2.923,20
Valor do ICMS-ST (R$ 2.921,20 – R$ 2.088,00)	**R$ 835,20**

IPVA

O imposto sobre a propriedade de motores automotores (IPVA) é um imposto de competência dos estados, cobrado anualmente de seus proprietários, seja pessoa física ou jurídica. Para cobrar o tributo, o estado avalia o preço de mercado do automóvel. A quantia é calculada sobre o valor venal do veículo, que pode variar entre 1,5% e 4%. Para determinar o preço de mercado, o governo usa como referência a tabela divulgada pela Fundação Instituto de Pesquisas Econômicas (Fipe).

No estado de São Paulo, o IPVA pode ser pago da seguinte maneira:

- **Veículos novos:** à vista ou parcelado no ato da aquisição do veículo, calculado de maneira proporcional, contado do mês da compra até o final do exercício. Após a compra e no início de cada ano, a cobrança passa a ser integral.
- **Veículos usados:** à vista ou parcelado no início de cada exercício.

Alguns veículos não precisam pagar IPVA em razão de regras que variam em cada estado. Em São Paulo, por exemplo, há uma divisão em três categorias: imunidade, isenção e dispensa de pagamento. A primeira delas envolve carros de órgãos públicos dos governos federal, estaduais e municipais, além de partidos políticos e entidades sindicais, entre outros.

Para ter direito à isenção total, a regra vale para carros com mais de vinte anos de fabricação, de taxistas, de pessoas com deficiência (PCD), de igrejas, de entidades sem fins lucrativos, veículos oficiais e ônibus/micro-ônibus urbanos.

FATO GERADOR

O IPVA tem como fato gerador a propriedade de veículo automotor de qualquer espécie. Para veículos novos, na data de emissão da nota fiscal; para veículos usados, no dia 1º de janeiro de cada ano.

BASE DE CÁLCULO

Recorre-se ao valor venal do veículo com base na tabela Fipe.

ALÍQUOTA

Os estados têm autonomia para estabelecer alíquotas próprias. As alíquotas previstas para o estado de São Paulo são as apresentadas na tabela 17.

TABELA 17. **Alíquotas do IPVA previstas para o estado de São Paulo**

TIPO DE VEÍCULO	ALÍQUOTA
Caminhões	1,5%
Ônibus e micro-ônibus	2,0%
Caminhonetes cabine simples (capacidade de até 3 passageiros)	2,0%
Motocicletas, ciclomotores, motonetas, triciclos e quadriciclos	2,0%
Demais veículos, inclusive automóveis de passeio tipo "flex"	4,0%

No caso dos veículos usados, a alíquota é de 3,00% para os que utilizem motor específico para funcionar, exclusivamente, com os seguintes combustíveis: álcool, gás natural veicular ou eletricidade – ainda que combinados entre si.

CONTRIBUINTE

São as pessoas físicas e pessoas jurídicas proprietárias de veículos.

CÁLCULOS

O mecanismo do cálculo do IPVA pode ser visualizado na tabela 18 representado por uma operação matemática simples em que a alíquota é aplicada diretamente sobre o valor do veículo constante na chamada tabela Fipe. No cálculo do IPVA, não temos redutores ou outras variáveis compensadoras no cálculo.

TABELA 18. **Cálculo do IPVA**

CÁLCULO DO IPVA	
Valor venal do veículo (tabela Fipe)	R$ 120.000,00
Valor do imposto (alíquota de 4,00%)	**R$ 4.800,00**

ITCMD

O imposto sobre transmissão *causa mortis* e doação (ITCMD) é um imposto de competência dos estados e do Distrito Federal. Sua aplicação, suas alíquotas, seus cálculos e seus procedimentos podem variar de um estado para outro, dentro das margens previstas em lei. O ITCMD incide sobre a transmissão de qualquer bem ou direito havido por sucessão legítima ou testamentária, inclusive por sucessão provisória e por doação.

FATO GERADOR

O fato gerador é a transmissão *causa mortis* de imóveis e a doação de quaisquer bens ou direitos, conforme o art. 155, § 1º, inciso I, e os arts. 35 a 42 do CTN.

BASE DE CÁLCULO

A base de cálculo do imposto é o valor venal do bem ou do direito transmitido, que não deve ser confundido com o preço de mercado. Já o valor do bem ou do direito na transmissão *causa mortis* é aquele atribuído na avaliação judicial e homologado pelo juiz.

ALÍQUOTA

No Brasil, a alíquota do ITCMD costuma variar entre 2% e 8% sobre o bem transmitido. Isso acontece porque a cobrança é diferente em cada estado brasileiro. Em São Paulo, o imposto é calculado aplicando-se a alíquota de 4% sobre o valor fixado para a base de cálculo.

São contribuintes do imposto:

- Na transmissão *causa mortis*, o herdeiro ou o legatário.
- No *fideicomisso*, o fiduciário.
- Na doação, o donatário.
- Na cessão de herança ou de bem ou direito a título não oneroso, o cessionário.

Conforme o art. 134 da Lei nº 5.172, de 25 de outubro de 1966, nos casos de impossibilidade de exigência do cumprimento da obrigação principal pelo contribuinte, respondem solidariamente com ele nos atos em que intervierem ou pelas omissões de que forem responsáveis:

> I – os pais, pelos tributos devidos por seus filhos menores;
> II – os tutores e curadores, pelos tributos devidos por seus tutelados ou curatelados;
> III – os administradores de bens de terceiros, pelos tributos devidos por estes;
> IV – o inventariante, pelos tributos devidos pelo espólio;
> V – o síndico e o comissário, pelos tributos devidos pela massa falida ou pelo concordatário;
> VI – os tabeliães, escrivães e demais serventuários de ofício, pelos tributos devidos sobre os atos praticados por eles, ou perante eles, em razão do seu ofício;
> VII – os sócios, no caso de liquidação de sociedade de pessoas. (BRASIL, 1966)

CÁLCULOS

O cálculo do ITCMD expresso na tabela 19, assim como o IPVA, possui sistemática simples de cálculo em que a alíquota é aplicada diretamente sobre o valor venal do bem. No caso do ITCMD, não há variáveis ou redutores no cálculo final.

TABELA 19. **Cálculo do ITCMD**

CÁLCULO DO ITCMD	
Valor do bem (valor venal)	R$ 500.000,00
Valor do imposto (alíquota de 4,00%)	**R$ 20.000,00**

IMPOSTOS MUNICIPAIS

IPTU

O imposto sobre propriedade territorial urbana (IPTU) é um imposto direto de competência municipal que incide sobre a propriedade, a posse ou o domínio útil de prédios e terrenos localizados na zona urbana do município, caracterizando um fato gerador do tipo permanente. O cálculo do IPTU é efetuado mediante a aplicação de alíquota sobre o valor venal do imóvel, segundo os critérios definidos em lei municipal de onde está localizada a propriedade.

O valor arrecadado com essa cobrança vai para o cofre do município, que o utiliza para melhorias e despesas da cidade. Fica sob a responsabilidade da prefeitura escolher no que e de qual maneira empregará o valor dessa arrecadação: educação, segurança, saúde, infraestrutura, entre outras possibilidades.

Alguns critérios que determinam o valor do imóvel:

- tipo do imóvel;
- área construída;
- ano e padrão da construção;
- localização.

FATO GERADOR

O fato gerador é a propriedade, o domínio útil ou o passe de bem imóvel por natureza ou por acessão física, de domínio civil, localizado na zona urbana do município.

BASE DE CÁLCULO

É o valor venal da unidade imobiliária, entendido como o preço de compra e venda usual no mercado para determinar o valor final do metro quadrado do terreno e da área construída.

ALÍQUOTA

A alíquota do IPTU é variável de um município para outro.

CONTRIBUINTE

O IPTU é de responsabilidade do proprietário do imóvel.

CÁLCULOS

O cálculo do IPTU expresso na tabela 20 também possui sistemática simples de cálculo, ou seja, a alíquota é aplicada diretamente sobre o valor venal do bem.

TABELA 20. **Cálculo do IPTU**

CÁLCULO DO IPTU	
Valor venal do imóvel	R$ 750.000,00
Valor do imposto (alíquota de 1,60% – imóvel edificado)	**R$ 12.000,00**

ISS

O imposto sobre serviços (ISS) é um imposto de competência municipal que incide sobre o valor dos serviços prestados e destacados em nota fiscal. Devem pagar ISS todas as empresas prestadoras de serviços que se enquadram nas obrigações da Lei Complementar nº 116, de 31 de julho de 2003, e os profissionais autônomos prestadores de serviços.

Essa lei pacificou o conceito de serviços para efeitos fiscais e tributários. Ela dispôs ainda que o imposto incida sobre os serviços prestados com a utilização de bens e serviços públicos explorados economicamente mediante autorização, permissão ou concessão, por meio do pagamento de tarifa, preço ou pedágio pelo usuário final do serviço.

> Art. 2º. O imposto não incide sobre:
> I – as exportações de serviços para o exterior do País;
> II – a prestação de serviços em relação de emprego, dos trabalhadores avulsos, dos diretores e membros de conselho consultivo ou de conselho fiscal de sociedades e fundações, bem como dos sócios-gerentes e dos gerentes-delegados;
> III – o valor intermediado no mercado de títulos e valores mobiliários, o valor dos depósitos bancários, o principal, juros e acréscimos moratórios relativos a operações de crédito realizadas por instituições financeiras. (BRASIL, 2003)

FATO GERADOR

O ISS tem como fato gerador a prestação de serviços constantes da lista dada pela Lei Complementar nº 116/2003, ainda que esses não constituam atividades preponderantes do prestador.

BASE DE CÁLCULO

Valor do serviço, devido no local em que ele foi prestado.

A alíquota mínima do ISS é de 2%, e a máxima é de 5%.

CONTRIBUINTE

O prestador do serviço.

CÁLCULOS

Conforme observamos na tabela 21, o ISS possui como base de cálculo o valor do serviço prestado expresso na nota fiscal de prestação de serviços. O cálculo é simples, em que a alíquota vigente no município é aplicada diretamente sobre o valor do serviço. É oportuno observar que prestadores de serviço caracterizados como autônomos recolhem um valor fixo ao município a título de ISS.

TABELA 21. **Cálculo do ISS**

CÁLCULO DO ISS	
Valor do serviço prestado	R$ 30.000,00
Valor do imposto (alíquota simulada de 5%)	**R$ 1.500,00**

ITBI

O imposto de transmissão de bens imóveis (ITBI) é um imposto de competência municipal e diferencia-se do ITCMD porque incide nas transmissões de bens imóveis e nos direitos relativos a eles concretizados de maneira onerosa e *entre vivos*. Esse valor é exigido sobre o valor venal do imóvel negociado, e o município poderá aceitar o preço transacionado entre as partes como referência para o cálculo do tributo, ou adotar valor próprio por meio de arbitramento se considerar que o valor do negócio está abaixo do preço de mercado.

É importante observar que os valores constantes nos cadastros municipais para fins de IPTU podem servir de parâmetro à cobrança do ITBI.

Todavia, tal prática pode gerar um grande prejuízo aos cofres públicos, pois os valores reais das transações imobiliárias geralmente superam, e muito, o valor atribuído para o cálculo do imposto.

FATO GERADOR

- A transmissão intervivos, a qualquer título, por ato oneroso:
  a) De bens imóveis, por natureza ou acessão física.
  b) De direitos reais sobre bens imóveis, exceto os de garantia.
- A cessão, por ato oneroso, de direitos relativos à aquisição de bens imóveis.

BASE DE CÁLCULO

A base de cálculo é o valor venal dos bens ou direitos transmitidos. O valor venal é o valor de mercado, que pode ser diferente do preço estabelecido entre o comprador e o vendedor.

ALÍQUOTA

O ITBI é calculado em percentagem, e o valor varia de uma cidade para outra. Em São Paulo, por exemplo, são cobrados 3,00% do valor venal.

CONTRIBUINTE

O comprador do imóvel.

CÁLCULOS

O cálculo do ITBI é simples, mas é fundamental saber qual é o valor venal do imóvel, que funciona como base de cálculo para o ITBI. Dessa maneira, ele é obtido considerando-se alguns elementos, que incluem o bairro onde a propriedade está localizada, a situação atual do mercado imobiliário e outros detalhes. Então, basta multiplicar esse valor pela alíquota.

TABELA 22. **Cálculo do ITBI**

CÁLCULO DO ITBI	
Valor da negociação do imóvel	R$ 630.000,00
Valor do imposto (alíquota simulada de 3%)	**R$ 18.900,00**

Capítulo 7

Crédito tributário

SUJEITO ATIVO

Designa-se *crédito tributário* a prestação em moeda ou cujo valor nela se possa exprimir que o sujeito ativo da obrigação tributária (União, Distrito Federal, estados e municípios) tem o direito de exigir do sujeito passivo direto ou indireto (contribuinte, responsável ou terceiro).

Sujeito ativo da obrigação, conforme o determinado no art. 119 do Código Tributário Nacional (CTN), é "a pessoa jurídica de direito público, titular da competência para exigir o seu cumprimento" (BRASIL, 1966). Ou seja, é aquele que tem garantido, por lei, o direito de cobrar prestação pecuniária ao sujeito passivo.

Dispõe o art. 139 do CTN que "o crédito tributário decorre da obrigação principal [pagamento do tributo ou da penalidade pecuniária] e tem a mesma natureza desta" (BRASIL, 1966). O crédito tributário é a própria obrigação tributária já lançada, titulada, individualizada – é o reflexo dela. O crédito tributário é, portanto, a determinação quantitativa do tributo.

Há casos ainda em que o próprio sujeito passivo – o contribuinte – declara o valor devido ao Estado, realiza o cálculo e o recolhe. Ainda assim, considera-se que o Estado constitui o crédito.

A lei estipula alguns casos em que o crédito tributário será suspenso (art. 151 do CTN):

> I – moratória (ampliação do prazo de pagamento);
> II – o depósito do seu montante integral;
> III – as reclamações e os recursos, nos termos das leis reguladoras do processo tributário administrativo;
> IV – a concessão de medida liminar em mandado de segurança;
> V – a concessão de medida liminar ou de tutela antecipada, em outras espécies de ação judicial;
> VI – o parcelamento. (BRASIL, 1966)

Da mesma maneira, o CTN estipula modalidades de extinção do crédito (art. 156):

> I – o pagamento;
> II – a compensação;
> III – a transação;
> IV – remissão;
> V – a prescrição [perda do prazo para cobrança do crédito; contabiliza-se 5 anos desde sua constituição] e a decadência [perda do prazo de 5 anos para o lançamento];
> VI – a conversão de depósito em renda;
> VII – o pagamento antecipado e a homologação do lançamento nos termos do disposto no artigo 150 e seus §§ 1º e 4º;
> VIII – a consignação em pagamento, nos termos do disposto no § 2º do artigo 164;
> IX – a decisão administrativa irreformável, assim entendida a definitiva na órbita administrativa, que não mais possa ser objeto de ação anulatória;
> X – a decisão judicial passada em julgado;
> XI – a dação em pagamento em bens imóveis, na forma e condições estabelecidas em lei. (BRASIL, 1966)

Ainda, o lançamento é o ato que constitui o crédito tributário, praticado, privativamente, pela respectiva autoridade administrativa. Sobre a constituição do crédito tributário, diz o CTN:

Art. 142. Compete privativamente à autoridade administrativa constituir o crédito tributário pelo lançamento, assim entendido o procedimento administrativo tendente a verificar a ocorrência do fato gerador da obrigação correspondente, determinar a matéria tributável, calcular o montante do tributo devido, identificar o sujeito passivo e, sendo caso, propor a aplicação da penalidade cabível.

Parágrafo único. A atividade administrativa de lançamento é vinculada e obrigatória, sob pena de responsabilidade funcional.

Art. 143. Salvo disposição de lei em contrário, quando o valor tributário esteja expresso em moeda estrangeira, no lançamento far-se-á sua conversão em moeda nacional ao câmbio do dia da ocorrência do fato gerador da obrigação.

Art. 144. O lançamento reporta-se à data da ocorrência do fato gerador da obrigação e rege-se pela lei então vigente, ainda que posteriormente modificada ou revogada.

§ 1º Aplica-se ao lançamento a legislação que, posteriormente à ocorrência do fato gerador da obrigação, tenha instituído novos critérios de apuração ou processos de fiscalização, ampliado os poderes de investigação das autoridades administrativas, ou outorgado ao crédito maiores garantias ou privilégios, exceto, neste último caso, para o efeito de atribuir responsabilidade tributária a terceiros.

§ 2º O disposto neste artigo não se aplica aos impostos lançados por períodos certos de tempo, desde que a respectiva lei fixe expressamente a data em que o fato gerador se considera ocorrido.

Art. 145. O lançamento regularmente notificado ao sujeito passivo só pode ser alterado em virtude de:

I – impugnação do sujeito passivo;

II – recurso de ofício;

III – iniciativa de ofício da autoridade administrativa, nos casos previstos no artigo 149.

Art. 146. A modificação introduzida, de ofício ou em consequência de decisão administrativa ou judicial, nos critérios jurídicos adotados pela autoridade administrativa no exercício do lançamento somente pode ser efetivada, em relação a um mesmo sujeito passivo, quanto a fato gerador ocorrido posteriormente à sua introdução. (BRASIL, 1966)

SUJEITO PASSIVO

O sujeito passivo, segundo o direito tributário, é a pessoa responsável pelo cumprimento da obrigação principal e acessória. Tais obrigações têm como objeto o dever de oferecer, ou seja, realizar o pagamento de determinado tributo ou penalidade pecuniária, fazer ou deixar de fazer.

> Art. 121. Sujeito passivo da obrigação principal é a pessoa obrigada ao pagamento de tributo ou penalidade pecuniária.
> Parágrafo único. O sujeito passivo da obrigação principal diz-se:
> I – contribuinte, quando tenha relação pessoal e direta com a situação que constitua o respectivo fato gerador;
> II – responsável, quando, sem revestir a condição de contribuinte, sua obrigação decorra de disposição expressa de lei.
> Art. 122. Sujeito passivo da obrigação acessória é a pessoa obrigada às prestações que constituam o seu objeto.
> Art. 123. Salvo disposições de lei em contrário, as convenções particulares, relativas à responsabilidade pelo pagamento de tributos, não podem ser opostas à Fazenda Pública, para modificar a definição legal do sujeito passivo das obrigações tributárias correspondentes. (BRASIL, 1966)

O sujeito passivo da obrigação tributária pode propor medidas judiciais contra o sujeito ativo, detentor do crédito tributário, que, por sua vez, consiste em:

- Ação declaratória de inexistência de relação jurídico-tributária.
- Ação anulatória de débito fiscal.
- Ação de repetição de indébito.
- Ação de consignação em pagamento.
- Mandado de segurança individual.
- Embargos à execução fiscal.
- Ação cautelar inominada.

COBRANÇA

A cobrança do crédito tributário (admitindo a situação usual de lavratura de um auto de infração e imposição de multa em detrimento de determinado contribuinte) – após o exaurimento da esfera administrativa – pressupõe a inscrição em dívida ativa, o ajuizamento de uma execução fiscal e a consequente realização de atos de constrição em face do patrimônio do executado para a denominada satisfação do crédito tributário.

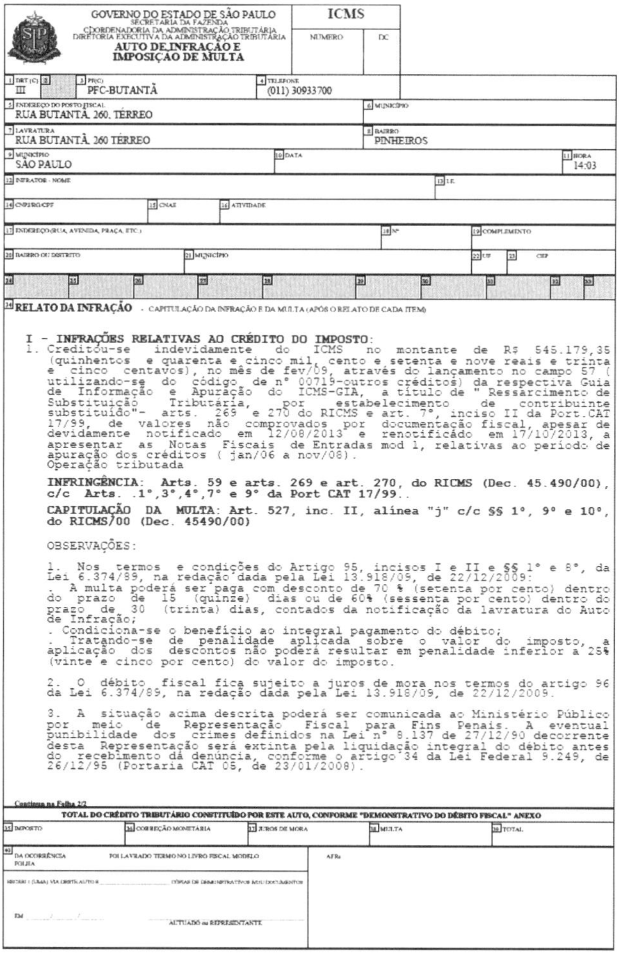

GOVERNO DO ESTADO DE SÃO PAULO
SECRETARIA DA FAZENDA
COORDENADORIA DA ADMINISTRAÇÃO TRIBUTÁRIA
DIRETORIA EXECUTIVA DA ADMINISTRAÇÃO TRIBUTÁRIA
AUTO DE INFRAÇÃO E IMPOSIÇÃO DE MULTA

ICMS — NUMERO — DC

1 DRT (C): III | 2 | 3 PF(C): PFC-BUTANTÃ | 4 TELEFONE: (011) 30933700

5 ENDEREÇO DO POSTO FISCAL: RUA BUTANTÃ, 260, TÉRREO | 6 MUNICÍPIO

7 LAVRATURA: RUA BUTANTÃ, 260 TÉRREO | 8 BAIRRO: PINHEIROS

9 MUNICÍPIO: SÃO PAULO | 10 DATA | 11 HORA: 14:03

12 INFRATOR - NOME | 13 I.E.

14 CNPJ/RG/CPF | 15 CNAE | 16 ATIVIDADE

17 ENDEREÇO (RUA, AVENIDA, PRAÇA, ETC.) | 18 Nº | 19 COMPLEMENTO

20 BAIRRO OU DISTRITO | 21 MUNICÍPIO | 22 UF | 23 CEP

24 | 25 | 26 | 27 | 28 | 29 | 30 | 31 | 32 | 33

34 **RELATO DA INFRAÇÃO** - CAPITULAÇÃO DA INFRAÇÃO E DA MULTA (APÓS O RELATO DE CADA ITEM)

I - INFRAÇÕES RELATIVAS AO CRÉDITO DO IMPOSTO:

1. Creditou-se indevidamente do ICMS no montante de R$ 545.179,35 (quinhentos e quarenta e cinco mil, cento e setenta e nove reais e trinta e cinco centavos), no mês de fev/09, através do lançamento no campo 57 (utilizando-se do código de nº 00719-outros créditos) da respectiva Guia de Informação e Apuração do ICMS-GIA, a título de " Ressarcimento de Substituição Tributária, por estabelecimento de contribuinte substituído"- arts. 269 e 270 do RICMS e art. 7º, inciso II da Port.CAT 17/99, de valores não comprovados por documentação fiscal, apesar de devidamente notificado em 12/08/2013 e renotificado em 17/10/2013, a apresentar as Notas Fiscais de Entradas mod 1, relativas ao período de apuração dos créditos (jan/06 a nov/08).
Operação tributada

INFRINGÊNCIA: Arts. 59 e arts. 269 e art. 270, do RICMS (Dec. 45.490/00), c/c Arts. .1º,3º,4º,7º e 9º da Port CAT 17/99..

CAPITULAÇÃO DA MULTA: Art. 527, inc. II, alínea "j" c/c §§ 1º, 9º e 10º, do RICMS/00 (Dec. 45490/00)

OBSERVAÇÕES:

1. Nos termos e condições do Artigo 95, incisos I e II e §§ 1º e 8º, da Lei 6.374/89, na redação dada pela Lei 13.918/09, de 22/12/2009:
. A multa poderá ser paga com desconto de 70 % (setenta por cento) dentro do prazo de 15 (quinze) dias ou de 60% (sessenta por cento) dentro do prazo de 30 (trinta) dias, contados da notificação da lavratura do Auto de Infração;
. Condiciona-se o benefício ao integral pagamento do débito;
. Tratando-se de penalidade aplicada sobre o valor do imposto, a aplicação dos descontos não poderá resultar em penalidade inferior a 25% (vinte e cinco por cento) do valor do imposto.

2. O débito fiscal fica sujeito a juros de mora nos termos do artigo 96 da Lei 6.374/89, na redação dada pela Lei 13.918/09, de 22/12/2009.

3. A situação acima descrita poderá ser comunicada ao Ministério Público por meio de Representação Fiscal para Fins Penais. A eventual punibilidade dos crimes definidos na Lei nº 8.137 de 27/12/90 decorrente desta Representação será extinta pela liquidação integral do débito antes do recebimento da denúncia, conforme o artigo 34 da Lei Federal 9.249, de 26/12/95 (Portaria CAT 05, de 23/01/2008).

Continua na Folha 2/2

TOTAL DO CRÉDITO TRIBUTÁRIO CONSTITUÍDO POR ESTE AUTO, CONFORME "DEMONSTRATIVO DO DÉBITO FISCAL" ANEXO

35 IMPOSTO | 36 CORREÇÃO MONETÁRIA | 37 JUROS DE MORA | 38 MULTA | 39 TOTAL

40 DA OCORRÊNCIA FOI LAVRADO TERMO NO LIVRO FISCAL MODELO ... FOLHA ... | AFRs

RECEBI 1 (UMA) VIA DESTE AUTO E ... CÓPIAS DE DEMONSTRATIVOS E/OU DOCUMENTOS

EM ..../..../.... AUTUADO ou REPRESENTANTE

FIGURA 1. **Auto de infração**

Capítulo 8

Fiscalização e a denúncia espontânea

ESTRUTURA DE FISCALIZAÇÃO

A fiscalização tributária visa averiguar a regularidade no cumprimento das obrigações tributárias por parte dos contribuintes. Esse procedimento é realizado pela autoridade administrativa. Para tanto, o contribuinte deve fornecer à administração os livros e os documentos necessários.

O art. 195 do Código Tributário Nacional (CTN) orienta que o contribuinte somente é obrigado a exibir os livros descritos na lei (BRASIL, 1966). Desse modo, o fisco não tem o direito de exigir fichas, planilhas ou outros documentos que não sejam mencionados na legislação. A fiscalização tributária é realizada pelo fisco e seu alcance é bem amplo; ou seja, se estende às pessoas jurídicas e físicas, sendo elas contribuintes ou não.

AGENTES FISCALIZADORES

A legislação tributária regulará, em caráter geral, ou especificamente em função da natureza de determinado tributo, a competência e os poderes das autoridades administrativas quando se tratar da fiscalização de sua aplicação.

Os agentes fiscalizadores são:

- Tributos federais: Secretaria da Receita Federal do Brasil (SRFB).
- Tributos estaduais: Secretaria da Fazenda do estado.
- Tributos municipais: Secretaria da Fazenda do município.

Os agentes que executam a cobrança são:

- Tributos federais: Procuradoria da Fazenda nacional.
- Tributos estaduais: Procuradoria da Fazenda estadual.
- Tributos municipais: Procuradoria da Fazenda municipal.

PROCEDIMENTOS DA FISCALIZAÇÃO

O ponto de partida de uma fiscalização é marcado pela lavratura de um documento chamado de termo de início de fiscalização, com a possibilidade de se começar por outros atos, como a apreensão de mercadorias.

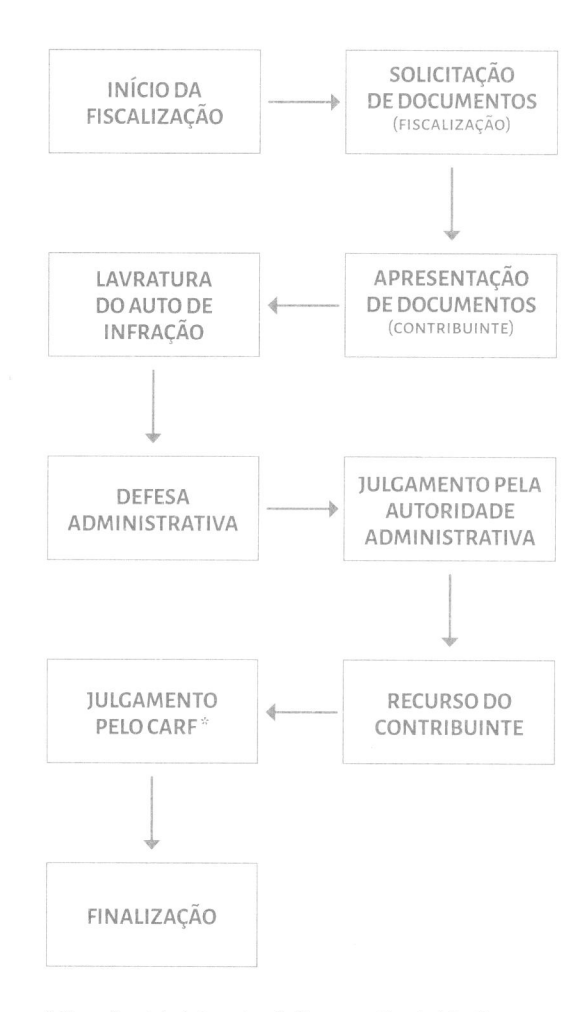

* Conselho Administrativo de Recursos Fiscais (Carf).

FIGURA 1. **Fluxo dos procedimentos de fiscalização**

Capítulo 9

Crimes tributários

CARACTERIZAÇÃO DOS CRIMES TRIBUTÁRIOS

A Lei nº 8.137, de 27 de dezembro de 1990, traz os crimes praticados contra a ordem tributária:

> Art. 1º. Constitui crime contra a ordem tributária suprimir ou reduzir tributo, ou contribuição social e qualquer acessório, mediante as seguintes condutas:
>
> I – omitir informação, ou prestar declaração falsa às autoridades fazendárias;
>
> II – fraudar a fiscalização tributária, inserindo elementos inexatos, ou omitindo operação de qualquer natureza, em documento ou livro exigido pela lei fiscal;
>
> III – falsificar ou alterar nota fiscal, fatura, duplicata, nota de venda, ou qualquer outro documento relativo à operação tributável;
>
> IV – elaborar, distribuir, fornecer, emitir ou utilizar documento que saiba ou deva saber falso ou inexato;
>
> V – negar ou deixar de fornecer, quando obrigatório, nota fiscal ou documento equivalente, relativa à venda de mercadoria ou prestação de serviço, efetivamente realizada, ou fornecê-la em desacordo com a legislação.

Pena – reclusão de 2 (dois) a 5 (cinco) anos, e multa.

Parágrafo único. A falta de atendimento da exigência da autoridade, no prazo de 10 (dez) dias, que poderá ser convertido em horas em razão da maior ou menor complexidade da matéria ou da dificuldade quanto ao atendimento da exigência, caracteriza a infração prevista no inciso V.

Art. 2°. Constitui crime da mesma natureza:

I – fazer declaração falsa ou omitir declaração sobre rendas, bens ou fatos, ou empregar outra fraude, para eximir-se, total ou parcialmente, de pagamento de tributo;

II – deixar de recolher, no prazo legal, valor de tributo ou de contribuição social, descontado ou cobrado, na qualidade de sujeito passivo de obrigação e que deveria recolher aos cofres públicos;

III – exigir, pagar ou receber, para si ou para o contribuinte beneficiário, qualquer percentagem sobre a parcela dedutível ou deduzida de imposto ou de contribuição como incentivo fiscal;

IV – deixar de aplicar, ou aplicar em desacordo com o estatuído, incentivo fiscal ou parcelas de imposto liberadas por órgão ou entidade de desenvolvimento;

V – utilizar ou divulgar programa de processamento de dados que permita ao sujeito passivo da obrigação tributária possuir informação contábil diversa daquela que é, por lei, fornecida à Fazenda Pública. (BRASIL, 1990)

IMPACTO NA ECONOMIA

Os impactos econômicos em razão da sonegação tributária têm efeitos nefastos para a sociedade, pois o governo deixa de arrecadar e, por conseguinte, de prestar os serviços públicos de maneira adequada. A sonegação atinge os diversos setores da economia. A diminuição do PIB, com menos recursos para o investimento, a competição desleal entre as empresas que se beneficiam da sonegação fiscal e o imenso tamanho da economia informal são apenas alguns deles.

Se o contribuinte sonega impostos, o Estado não alcança receita suficiente para cumprir com os conjuntos de programas e ações que visam assegurar determinado direito de cidadania para a sociedade, direitos esses, inclusive, assegurados pela Constituição Federal.

> O Brasil deixa de arrecadar mais de R$ 417 bilhões por ano com impostos, devido às sonegações de empresas. Um levantamento feito pelo Instituto Brasileiro de Planejamento e Tributação (IBPT) mostra que o faturamento não declarado pelas empresas é de R$ 2,33 trilhões por ano. As cifras foram calculadas com base nos autos de infrações emitidos pelos fiscos federal, estaduais e municipais.
>
> Segundo o levantamento, o Imposto sobre Circulação de Mercadorias e Serviços (ICMS) foi o imposto mais sonegado em 2018. Já em 2019, a sonegação do imposto de renda superou o ICMS. O IBPT descobriu que 47% das empresas de pequeno porte sonegam imposto. Já a taxa entre as empresas médias é de 31% e entre as de grande porte é de 16%. (BRANDÃO, 2020)

PENALIDADES

A detenção para a sonegação é de seis meses a dois anos, com multa de duas a cinco vezes o valor do tributo. Quando se tratar de criminoso primário, a pena será reduzida à multa de dez vezes o valor do tributo. Já se o agente cometer o crime prevalecendo-se do cargo público que exerce, a pena será aumentada da sexta parte. Além das penalidades previstas, a sonegação pode levar um negócio à falência. As sanções pecuniárias previstas incluem multas pesadas que podem chegar a 10 vezes o valor dos impostos sonegados.

Capítulo 10

Os tributos e os sistemas digitais

ESCRITURAÇÃO FISCAL DIGITAL

A escrituração digital no Brasil, por meio do Sistema Público de Escrituração Digital (Sped), tornou-se um sistema harmônico de prestação de informações pelo contribuinte e o grande caminho da simplificação tributária concreta. Ao longo desse caminho, o paradigma anterior de Programas Geradores de Declaração (PGD) foi sendo substituído por escriturações assinadas digitalmente e muito mais próximas aos fatos geradores de interesse. O Sped avançou em etapas sob a égide da construção coletiva.

A Nota Fiscal eletrônica (NF-e), a Escrituração Contábil Digital (ECD) e a Escrituração Fiscal Digital (EFD, ICMS e IPI) foram os projetos pioneiros. Desde então, porém, o ecossistema Sped avançou para englobar a apuração do IRPJ, das contribuições sociais sobre faturamento e sobre a folha de pagamentos, além do acompanhamento das operações financeiras e de outros documentos fiscais. Com isso, o Sped conseguiu atingir seus objetivos que, na verdade, se traduziam em:

- Promover a integração dos fiscos, mediante a padronização e o compartilhamento das informações contábeis e fiscais, respeitadas as restrições legais.
- Racionalizar e uniformizar as obrigações acessórias para os contribuintes, com o estabelecimento de transmissão única de distintas obrigações acessórias de diferentes órgãos fiscalizadores.
- Tornar mais célere a identificação de ilícitos tributários, com a melhoria do controle dos processos, a rapidez no acesso às informações e a fiscalização mais efetiva das operações com o cruzamento de dados e a auditoria eletrônica de dados.

O Sped fiscal é um processo de escrituração digital da Receita Federal, chamado também de EFD, que determina que os contribuintes devem enviar as informações sobre ICMS e IPI. Em outras palavras, ele é a digitalização de todas as informações de interesse do fisco sobre seus contribuintes. Desse modo, é possível encurtar o caminho das empresas com o fisco, eliminando a necessidade do envio de documentos em papel. Ao entregar a EFD, a empresa substitui a escrituração e a impressão dos seguintes livros:

- Livro Registro de Entradas.
- Livro Registro de Saídas.
- Livro Registro de Inventário.
- Livro Registro de Apuração do IPI.
- Livro Registro de Apuração do ICMS.
- Documento Controle do Crédito do ICMS do Ativo Permanente (Ciap).
- Livro Registro de Controle da Produção e do Estoque.

O Bloco K é um livro de registro digital de controle de produção e estoque que deve ser apresentado no Sped fiscal. Todos os estabelecimentos industriais ou que oferecem algum serviço similar estão enquadrados nesse bloco. A entrega do Sped fiscal é obrigatória a todos os contribuintes do ICMS ou do IPI. Existem empresas aptas para a entrega que podem ser dispensadas da obrigação em caso de exceção concedida pelo fisco do estado do contribuinte ou pela Secretaria da Receita Federal do Brasil (SRFB).

Para as empresas que se encaixam na obrigação, a Secretaria da Fazenda (Sefaz) do estado costuma dividir seu perfil em três categorias: o Perfil A determina a apresentação dos registros de maneira mais detalhada; o Perfil B trata as informações de maneira sintética (totalizações por período: diário e mensal); e o Perfil C, implementado a partir de 1º de janeiro de 2013, é utilizado para a apresentação de escriturações mais simplificadas.

Apesar de toda a complexidade, na prática, o funcionamento do Sped fiscal é bastante intuitivo. Vale lembrar que o envio da escrituração para comprovar o recolhimento do IPI e do ICMS é realizado todo mês. No entanto, o prazo em si é determinado pela legislação de cada estado.

Entre as escriturações que fazem parte do Sped fiscal, temos:

- NF-e;
- EFD;
- ECD.

No caso exclusivo do Sped fiscal, algumas informações únicas devem ser sempre informadas, como:

- Estoque/inventário.
- Apuração de impostos.
- Cadastros de produtos, estabelecimento, clientes e fornecedores.
- Dados de produção (o que foi produzido, o que entrou e saiu).
- Informações específicas de alguns setores.
- Registros fiscais de entrada e saída (mercadorias, transportes, serviços em geral com ICMS).
- Ciap – Controle do Crédito do ICMS (como as máquinas empregadas na produção que geraram crédito para a organização).

Contudo, não poderíamos falar de Sped fiscal e deixar de mencionar o Código Fiscal de Operações e de Prestações (CFOP). Ele é indicado nas emissões de notas fiscais, declarações e guias e na escrituração de livros. Basicamente, esse código define se uma nota fiscal recolhe ou não impostos, o movimento de estoque e o financeiro. Ele conta com dois critérios, que estão distribuídos pelo tipo da nota fiscal (entrada ou saída) e para qual região o produto, por exemplo, foi vendido.

O CFOP contém quatro dígitos, e cada um deles tem uma identificação específica. O primeiro número se refere ao tipo de operação (por exemplo, se iniciar com 1, é uma operação dentro do estado; se iniciar com 2, fora do estado), e os demais, à finalidade e ao tipo de produto ou serviço.

A tabela CFOP é uma lista de códigos publicada pelo governo para uso pelos contribuintes em seus documentos fiscais. Existem muitos códigos, e eles se dividem entre entrada e saída, em seis grupos maiores, que são identificados pelo primeiro dígito.

CFOP DE ENTRADA

Os CFOP de entrada contidos na tabela são:

Dígito inicial 1: entrada e/ou aquisições de serviços do estado, para quando quem envia e quem recebe estão no mesmo estado.

Dígito inicial 2: entrada e/ou aquisições de serviços de outros estados, para quando há diferenças de estados entre quem envia e quem recebe os produtos ou serviços.

Dígito inicial 3: entrada e/ou aquisições de serviços do exterior, usado quando a empresa contrata serviços ou compra produtos de outros países.

CFOP DE SAÍDA

Os CFOP de saída encontrados na tabela são:

Dígito inicial 5: saídas ou prestações de serviços para o estado – segue a mesma lógica do dígito 1, mas a emitente da nota é quem envia o produto ou presta o serviço para alguém dentro do mesmo estado.

Dígito inicial 6: saídas ou prestações de serviços para outros estados – em uma situação semelhante à do dígito 2, mas novamente quem emite o documento está prestando serviços ou enviando produtos para alguém de outro estado.

Dígito inicial 7: saídas ou prestações de serviços para o exterior quando a empresa que emite a nota destina seu produto ou serviço ao exterior.

Quando o empresário emite uma nota fiscal, ela pode conter vários CFOP, desde que as operações sejam da mesma natureza. A tabela CFOP é uma informação complementar essencial para a emissão de notas fiscais. Com ela, o empresário saberá indicar o código correto para emitir a nota, evitando erros e permitindo a correta contabilização da operação, bem como o recolhimento dos tributos que incidem sobre ela.

O CFOP é, portanto, um código numérico composto de uma série de categorias que indicam informações da mercadoria ou do serviço objeto da nota. Por sua vez, a natureza da operação é uma descrição única de qual é o processo que motivou a emissão da nota: compra, venda, devolução, etc.

Uma nota fiscal pode ter mais de um CFOP. No entanto, não pode ter duas naturezas da operação. Além das notas fiscais, a tabela CFOP é usada em outros documentos, como:

- livros contábeis;
- declarações fiscais;
- conhecimentos de transporte.

Parte da tabela CFOP pode ser visualizada no "Anexo".

NOVAS TECNOLOGIAS

A contabilidade digital é um modelo recente no mercado brasileiro e começou a ganhar força com as mudanças das instituições governamentais. Ela se prepara para novos desafios; exemplos disso são a implantação do eSocial, da nota fiscal 4.0, do Sped, entre outros. Portanto, ela é a união da tecnologia com o serviço eficiente do contador.

TENDÊNCIAS E DESAFIOS

Os contadores do futuro deverão se capacitar para entender mais sobre o cenário econômico, os negócios e o segmento de atuação de seus clientes, para, desse modo, ajudar as empresas a tomarem decisões acertadas. A estratégia passará a ser o grande diferencial desses profissionais.

O mercado contábil precisará de profissionais com perfis multitarefas. Cada vez mais o profissional de contabilidade tem deixado de ser um agente especializado em lidar com questões burocráticas do dia a dia para tornar-se um colaborador capaz de dar sugestões em relação aos negócios das empresas.

Tabela CFOP

CFOP	DESCRIÇÃO RESUMIDA
1.101	Compra p/ industrialização ou produção rural
1.102	Compra p/ comercialização
1.111	Compra p/ industrialização de mercadoria recebida anteriormente em consignação industrial
1.113	Compra p/ comercialização, de mercadoria recebida anteriormente em consignação mercantil
1.116	Compra p/ industrialização ou produção rural originada de encomenda p/ recebimento futuro
1.117	Compra p/ comercialização originada de encomenda p/ recebimento futuro
1.118	Compra de mercadoria p/ comercialização pelo adquirente originário, entregue pelo vendedor remetente ao destinatário, em venda à ordem
1.120	Compra p/ industrialização, em venda à ordem, já recebida do vendedor remetente
1.121	Compra p/ comercialização, em venda à ordem, já recebida do vendedor remetente

(cont.)

CFOP	DESCRIÇÃO RESUMIDA
1.122	Compra p/ industrialização em que a mercadoria foi remetida pelo fornecedor ao industrializador sem transitar pelo estabelecimento adquirente
1.124	Industrialização efetuada por outra empresa
1.125	Industrialização efetuada por outra empresa quando a mercadoria remetida p/ utilização no processo de industrialização não transitou pelo estabelecimento adquirente da mercadoria
1.126	Compra p/ utilização na prestação de serviço sujeita ao ICMS
1.128	Compra p/ utilização na prestação de serviço sujeita ao ISSQN
1.151	Transferência p/ industrialização ou produção rural
1.152	Transferência p/ comercialização
1.153	Transferência de energia elétrica p/ distribuição
1.154	Transferência p/ utilização na prestação de serviço
1.201	Devolução de venda de produção do estabelecimento
1.202	Devolução de venda de mercadoria adquirida ou recebida de terceiros
1.203	Devolução de venda de produção do estabelecimento, destinada à Zona Franca de Manaus ou Áreas de Livre Comércio
1.204	Devolução de venda de mercadoria adquirida ou recebida de terceiros, destinada à Zona Franca de Manaus ou Áreas de Livre Comércio
1.205	Anulação de valor relativo à prestação de serviço de comunicação
1.206	Anulação de valor relativo à prestação de serviço de transporte
1.207	Anulação de valor relativo à venda de energia elétrica
1.208	Devolução de produção do estabelecimento, remetida em transferência

(cont.)

CFOP	DESCRIÇÃO RESUMIDA
1.209	Devolução de mercadoria adquirida ou recebida de terceiros, remetida em transferência
1.212	Devolução de venda no mercado interno de mercadoria industrializada e insumo importado sob o Regime Aduaneiro Especial de Entreposto Industrial sob Controle Informatizado do Sistema Público de Escrituração Digital (Recof-Sped)
1.215	Devolução de fornecimento de produção do estabelecimento de ato cooperativo
1.216	Devolução de fornecimento de mercadoria adquirida ou recebida de terceiros de ato cooperativo
1.251	Compra de energia elétrica p/ distribuição ou comercialização
1.252	Compra de energia elétrica por estabelecimento industrial
1.253	Compra de energia elétrica por estabelecimento comercial
1.254	Compra de energia elétrica por estabelecimento prestador de serviço de transporte
1.255	Compra de energia elétrica por estabelecimento prestador de serviço de comunicação
1.256	Compra de energia elétrica por estabelecimento de produtor rural
1.257	Compra de energia elétrica p/ consumo por demanda contratada
1.301	Aquisição de serviço de comunicação p/ execução de serviço da mesma natureza
1.302	Aquisição de serviço de comunicação por estabelecimento industrial
1.303	Aquisição de serviço de comunicação por estabelecimento comercial
1.304	Aquisição de serviço de comunicação por estabelecimento de prestador de serviço de transporte
1.305	Aquisição de serviço de comunicação por estabelecimento de geradora ou de distribuidora de energia elétrica

(cont.)

CFOP	DESCRIÇÃO RESUMIDA
1.306	Aquisição de serviço de comunicação por estabelecimento de produtor rural
1.351	Aquisição de serviço de transporte p/ execução de serviço da mesma natureza
1.352	Aquisição de serviço de transporte por estabelecimento industrial
1.353	Aquisição de serviço de transporte por estabelecimento comercial
1.354	Aquisição de serviço de transporte por estabelecimento de prestador de serviço de comunicação
1.355	Aquisição de serviço de transporte por estabelecimento de geradora ou de distribuidora de energia elétrica
1.356	Aquisição de serviço de transporte por estabelecimento de produtor rural
1.360	Aquisição de serviço de transporte por contribuinte substituto em relação ao serviço de transporte
1.401	Compra p/ industrialização ou produção rural de mercadoria sujeita ao regime de substituição tributária
1.403	Compra p/ comercialização em operação com mercadoria sujeita ao regime de substituição tributária
1.406	Compra de bem p/ o ativo imobilizado cuja mercadoria está sujeita ao regime de substituição tributária
1.407	Compra de mercadoria p/ uso ou consumo cuja mercadoria está sujeita ao regime de substituição tributária
1.408	Transferência p/ industrialização ou produção rural de mercadoria sujeita ao regime de substituição tributária
1.409	Transferência p/ comercialização em operação com mercadoria sujeita ao regime de substituição tributária
1.410	Devolução de venda de produção do estabelecimento em operação com produto sujeito ao regime de substituição tributária
1.411	Devolução de venda de mercadoria adquirida ou recebida de terceiros em operação com mercadoria sujeita ao regime de substituição tributária

(cont.)

CFOP	DESCRIÇÃO RESUMIDA
1.414	Retorno de produção do estabelecimento, remetida p/ venda fora do estabelecimento em operação com produto sujeito ao regime de substituição tributária
1.415	Retorno de mercadoria adquirida ou recebida de terceiros, remetida p/ venda fora do estabelecimento em operação com mercadoria sujeita ao regime de substituição tributária
1.451	Entrada de animal – Sistema de Integração e Parceria Rural
1.452	Entrada de insumo – Sistema de Integração e Parceria Rural
1.501	Entrada de mercadoria recebida com fim específico de exportação
1.503	Entrada decorrente de devolução de produto remetido com fim específico de exportação, de produção do estabelecimento
1.504	Entrada decorrente de devolução de mercadoria remetida com fim específico de exportação, adquirida ou recebida de terceiros
1.505	Entrada decorrente de devolução de mercadorias remetidas p/ formação de lote de exportação, de produtos industrializados ou produzidos pelo próprio estabelecimento
1.506	Entrada decorrente de devolução de mercadorias, adquiridas ou recebidas de terceiros, remetidas p/ formação de lote de exportação
1.551	Compra de bem p/ o ativo imobilizado
1.552	Transferência de bem do ativo imobilizado
1.553	Devolução de venda de bem do ativo imobilizado
1.554	Retorno de bem do ativo imobilizado remetido p/ uso fora do estabelecimento
1.555	Entrada de bem do ativo imobilizado de terceiro, remetido p/ uso no estabelecimento
1.556	Compra de material p/ uso ou consumo
1.557	Transferência de material p/ uso ou consumo

(cont.)

CFOP	DESCRIÇÃO RESUMIDA
1.601	Recebimento, por transferência, de crédito de ICMS
1.602	Recebimento, por transferência, de saldo credor de ICMS de outro estabelecimento da mesma empresa, p/ compensação de saldo devedor de ICMS
1.603	Ressarcimento de ICMS retido por substituição tributária
1.604	Lançamento do crédito relativo à compra de bem p/ o ativo imobilizado
1.605	Recebimento, por transferência, de saldo devedor de ICMS de outro estabelecimento da mesma empresa
1.651	Compra de combustível ou lubrificante p/ industrialização subsequente
1.652	Compra de combustível ou lubrificante p/ comercialização
1.653	Compra de combustível ou lubrificante por consumidor ou usuário final
1.658	Transferência de combustível e lubrificante p/ industrialização
1.659	Transferência de combustível e lubrificante p/ comercialização
1.660	Devolução de venda de combustível ou lubrificante destinado à industrialização subsequente
1.661	Devolução de venda de combustível ou lubrificante destinados à comercialização
1.662	Devolução de venda de combustível ou lubrificante destinado a consumidor ou usuário final
1.663	Entrada de combustível ou lubrificante p/ armazenagem
1.664	Retorno de combustível ou lubrificante remetido p/ armazenagem
1.901	Entrada p/ industrialização por encomenda
1.902	Retorno de mercadoria remetida p/ industrialização por encomenda
1.903	Entrada de mercadoria remetida p/ industrialização e não aplicada no referido processo

(cont.)

CFOP	DESCRIÇÃO RESUMIDA
1.904	Retorno de remessa p/ venda fora do estabelecimento
1.905	Entrada de mercadoria recebida p/ depósito em depósito fechado ou armazém geral
1.906	Retorno de mercadoria remetida p/ depósito fechado ou armazém geral
1.907	Retorno simbólico de mercadoria remetida p/ depósito fechado ou armazém geral
1.908	Entrada de bem por conta de contrato de comodato ou locação
1.909	Retorno de bem remetido por conta de contrato de comodato ou locação
1.910	Entrada de bonificação, doação ou brinde
1.911	Entrada de amostra grátis
1.912	Entrada de mercadoria ou bem recebido p/ demonstração ou mostruário
1.913	Retorno de mercadoria ou bem remetido p/ demonstração, mostruário ou treinamento
1.914	Retorno de mercadoria ou bem remetido p/ exposição ou feira
1.915	Entrada de mercadoria ou bem recebido p/ conserto ou reparo
1.916	Retorno de mercadoria ou bem remetido p/ conserto ou reparo
1.917	Entrada de mercadoria recebida em consignação mercantil ou industrial
1.918	Devolução de mercadoria remetida em consignação mercantil ou industrial
1.919	Devolução simbólica de mercadoria vendida ou utilizada em processo industrial, remetida anteriormente em consignação mercantil ou industrial
1.920	Entrada de vasilhame ou sacaria

(cont.)

CFOP	DESCRIÇÃO RESUMIDA
1.921	Retorno de vasilhame ou sacaria
1.922	Lançamento efetuado a título de simples faturamento decorrente de compra p/ recebimento futuro
1.923	Entrada de mercadoria recebida do vendedor remetente, em venda à ordem
1.924	Entrada p/ industrialização por conta e ordem do adquirente da mercadoria, quando esta não transitar pelo estabelecimento do adquirente
1.925	Retorno de mercadoria remetida p/ industrialização por conta e ordem do adquirente da mercadoria, quando esta não transitar pelo estabelecimento do adquirente
1.926	Lançamento efetuado a título de reclassificação de mercadoria decorrente de formação de kit ou de sua desagregação
1.931	Lançamento efetuado pelo tomador do serviço de transporte, quando a responsabilidade de retenção do imposto for atribuída ao remetente ou alienante da mercadoria, pelo serviço de transporte realizado por transportador autônomo ou por transportador não inscrito na UF onde iniciado o serviço
1.932	Aquisição de serviço de transporte iniciado em UF diversa daquela onde inscrito o prestador
1.933	Aquisição de serviço tributado pelo ISSQN
1.934	Entrada simbólica de mercadoria recebida p/ depósito fechado ou armazém geral
1.949	Outra entrada de mercadoria ou prestação de serviço não especificada
2.101	Compra p/ industrialização ou produção rural
2.102	Compra p/ comercialização
2.111	Compra p/ industrialização de mercadoria recebida anteriormente em consignação industrial
2.113	Compra p/ comercialização, de mercadoria recebida anteriormente em consignação mercantil

(cont.)

CFOP	DESCRIÇÃO RESUMIDA
2.116	Compra p/ industrialização ou produção rural originada de encomenda p/ recebimento futuro
2.117	Compra p/ comercialização originada de encomenda p/ recebimento futuro
2.118	Compra de mercadoria p/ comercialização pelo adquirente originário, entregue pelo vendedor remetente ao destinatário, em venda à ordem
2.120	Compra p/ industrialização, em venda à ordem, já recebida do vendedor remetente
2.121	Compra p/ comercialização, em venda à ordem, já recebida do vendedor remetente
2.122	Compra p/ industrialização em que a mercadoria foi remetida pelo fornecedor ao industrializador sem transitar pelo estabelecimento adquirente
2.124	Industrialização efetuada por outra empresa
2.125	Industrialização efetuada por outra empresa quando a mercadoria remetida p/ utilização no processo de industrialização não transitou pelo estabelecimento adquirente da mercadoria
2.126	Compra p/ utilização na prestação de serviço sujeita ao ICMS
2.128	Compra p/ utilização na prestação de serviço sujeita ao ISSQN
2.151	Transferência p/ industrialização ou produção rural
2.152	Transferência p/ comercialização
2.153	Transferência de energia elétrica p/ distribuição
2.154	Transferência p/ utilização na prestação de serviço
2.201	Devolução de venda de produção do estabelecimento
2.202	Devolução de venda de mercadoria adquirida ou recebida de terceiros
2.203	Devolução de venda de produção do estabelecimento, destinada à Zona Franca de Manaus ou Áreas de Livre Comércio

(cont.)

CFOP	DESCRIÇÃO RESUMIDA
2.204	Devolução de venda de mercadoria adquirida ou recebida de terceiros, destinada à Zona Franca de Manaus ou Áreas de Livre Comércio
2.205	Anulação de valor relativo à prestação de serviço de comunicação
2.206	Anulação de valor relativo à prestação de serviço de transporte
2.207	Anulação de valor relativo à venda de energia elétrica
2.208	Devolução de produção do estabelecimento, remetida em transferência
2.209	Devolução de mercadoria adquirida ou recebida de terceiros e remetida em transferência
2.212	Devolução de venda no mercado interno de mercadoria industrializada e insumo importado sob o Regime Aduaneiro Especial de Entreposto Industrial sob Controle Informatizado do Sistema Público de Escrituração Digital (Recof-Sped)
2.215	Devolução de fornecimento de produção do estabelecimento de ato cooperativo
2.216	Devolução de fornecimento de mercadoria adquirida ou recebida de terceiros de ato cooperativo
2.251	Compra de energia elétrica p/ distribuição ou comercialização
2.252	Compra de energia elétrica por estabelecimento industrial
2.253	Compra de energia elétrica por estabelecimento comercial
2.254	Compra de energia elétrica por estabelecimento prestador de serviço de transporte
2.255	Compra de energia elétrica por estabelecimento prestador de serviço de comunicação
2.256	Compra de energia elétrica por estabelecimento de produtor rural
2.257	Compra de energia elétrica p/ consumo por demanda contratada
2.301	Aquisição de serviço de comunicação p/ execução de serviço da mesma natureza

(cont.)

CFOP	DESCRIÇÃO RESUMIDA
2.302	Aquisição de serviço de comunicação por estabelecimento industrial
2.303	Aquisição de serviço de comunicação por estabelecimento comercial
2.304	Aquisição de serviço de comunicação por estabelecimento de prestador de serviço de transporte
2.305	Aquisição de serviço de comunicação por estabelecimento de geradora ou de distribuidora de energia elétrica
2.306	Aquisição de serviço de comunicação por estabelecimento de produtor rural
2.351	Aquisição de serviço de transporte p/ execução de serviço da mesma natureza
2.352	Aquisição de serviço de transporte por estabelecimento industrial
2.353	Aquisição de serviço de transporte por estabelecimento comercial
2.354	Aquisição de serviço de transporte por estabelecimento de prestador de serviço de comunicação
2.355	Aquisição de serviço de transporte por estabelecimento de geradora ou de distribuidora de energia elétrica
2.356	Aquisição de serviço de transporte por estabelecimento de produtor rural
2.401	Compra p/ industrialização ou produção rural de mercadoria sujeita ao regime de substituição tributária
2.403	Compra p/ comercialização em operação com mercadoria sujeita ao regime de substituição tributária
2.406	Compra de bem p/ o ativo imobilizado cuja mercadoria está sujeita ao regime de substituição tributária
2.407	Compra de mercadoria p/ uso ou consumo cuja mercadoria está sujeita ao regime de substituição tributária
2.408	Transferência p/ industrialização ou produção rural de mercadoria sujeita ao regime de substituição tributária
2.409	Transferência p/ comercialização em operação com mercadoria sujeita ao regime de substituição tributária

(cont.)

CFOP	DESCRIÇÃO RESUMIDA
2.410	Devolução de venda de produção do estabelecimento em operação com produto sujeito ao regime de substituição tributária
2.411	Devolução de venda de mercadoria adquirida ou recebida de terceiros em operação com mercadoria sujeita ao regime de substituição tributária
2.414	Retorno de produção do estabelecimento, remetida p/ venda fora do estabelecimento em operação com produto sujeito ao regime de substituição tributária
2.415	Retorno de mercadoria adquirida ou recebida de terceiros, remetida p/ venda fora do estabelecimento em operação com mercadoria sujeita ao regime de substituição tributária
2.501	Entrada de mercadoria recebida com fim específico de exportação
2.503	Entrada decorrente de devolução de produto remetido com fim específico de exportação, de produção do estabelecimento
2.504	Entrada decorrente de devolução de mercadoria remetida com fim específico de exportação, adquirida ou recebida de terceiros
2.505	Entrada decorrente de devolução simbólica de mercadorias remetidas p/ formação de lote de exportação, de produtos industrializados ou produzidos pelo próprio estabelecimento
2.506	Entrada decorrente de devolução de mercadorias, adquiridas ou recebidas de terceiros, remetidas p/ formação de lote de exportação
2.551	Compra de bem p/ o ativo imobilizado
2.552	Transferência de bem do ativo imobilizado
2.553	Devolução de venda de bem do ativo imobilizado
2.554	Retorno de bem do ativo imobilizado remetido p/ uso fora do estabelecimento
2.555	Entrada de bem do ativo imobilizado de terceiro, remetido p/ uso no estabelecimento
2.556	Compra de material p/ uso ou consumo
2.557	Transferência de material p/ uso ou consumo

(cont.)

CFOP	DESCRIÇÃO RESUMIDA
2.603	Ressarcimento de ICMS retido por substituição tributária
2.651	Compra de combustível ou lubrificante p/ industrialização subsequente
2.652	Compra de combustível ou lubrificante p/ comercialização
2.653	Compra de combustível ou lubrificante por consumidor ou usuário final
2.658	Transferência de combustível ou lubrificante p/ industrialização
2.659	Transferência de combustível ou lubrificante p/ comercialização
2.660	Devolução de venda de combustível ou lubrificante destinado à industrialização subsequente
2.661	Devolução de venda de combustível ou lubrificante destinado à comercialização
2.662	Devolução de venda de combustível ou lubrificante destinado a consumidor ou usuário final
2.663	Entrada de combustível ou lubrificante p/ armazenagem
2.664	Retorno de combustível ou lubrificante remetido p/ armazenagem
2.901	Entrada p/ industrialização por encomenda
2.902	Retorno de mercadoria remetida p/ industrialização por encomenda
2.903	Entrada de mercadoria remetida p/ industrialização e não aplicada no referido processo
2.904	Retorno de remessa p/ venda fora do estabelecimento
2.905	Entrada de mercadoria recebida p/ depósito em depósito fechado ou armazém geral
2.906	Retorno de mercadoria remetida p/ depósito fechado ou armazém geral
2.907	Retorno simbólico de mercadoria remetida p/ depósito fechado ou armazém geral

(cont.)

CFOP	DESCRIÇÃO RESUMIDA
2.908	Entrada de bem por conta de contrato de comodato ou locação
2.909	Retorno de bem remetido por conta de contrato de comodato ou locação
2.910	Entrada de bonificação, doação ou brinde
2.911	Entrada de amostra grátis
2.912	Entrada de mercadoria ou bem recebido p/ demonstração ou mostruário
2.913	Retorno de mercadoria ou bem remetido p/ demonstração, mostruário ou treinamento
2.914	Retorno de mercadoria ou bem remetido p/ exposição ou feira
2.915	Entrada de mercadoria ou bem recebido p/ conserto ou reparo
2.916	Retorno de mercadoria ou bem remetido p/ conserto ou reparo
2.917	Entrada de mercadoria recebida em consignação mercantil ou industrial
2.918	Devolução de mercadoria remetida em consignação mercantil ou industrial
2.919	Devolução simbólica de mercadoria vendida ou utilizada em processo industrial, remetida anteriormente em consignação mercantil ou industrial
2.920	Entrada de vasilhame ou sacaria
2.921	Retorno de vasilhame ou sacaria
2.922	Lançamento efetuado a título de simples faturamento decorrente de compra p/ recebimento futuro
2.923	Entrada de mercadoria recebida do vendedor remetente, em venda à ordem
2.924	Entrada p/ industrialização por conta e ordem do adquirente da mercadoria, quando esta não transitar pelo estabelecimento do adquirente

(cont.)

CFOP	DESCRIÇÃO RESUMIDA
2.925	Retorno de mercadoria remetida p/ industrialização por conta e ordem do adquirente da mercadoria, quando esta não transitar pelo estabelecimento do adquirente
2.931	Lançamento efetuado pelo tomador do serviço de transporte quando a responsabilidade de retenção do imposto for atribuída ao remetente ou alienante da mercadoria, pelo serviço de transporte realizado por transportador autônomo ou por transportador não inscrito na UF onde se tenha iniciado o serviço
2.932	Aquisição de serviço de transporte iniciado em UF diversa daquela onde inscrito o prestador
2.933	Aquisição de serviço tributado pelo ISSQN
2.934	Entrada simbólica de mercadoria recebida p/ depósito fechado ou armazém geral
2.949	Outra entrada de mercadoria ou prestação de serviço não especificado
3.101	Compra p/ industrialização ou produção rural
3.102	Compra p/ comercialização
3.126	Compra p/ utilização na prestação de serviço sujeita ao ICMS
3.127	Compra p/ industrialização sob o regime de drawback
3.128	Compra p/ utilização na prestação de serviço sujeita ao ISSQN
3.129	Compra para industrialização sob o Regime Aduaneiro Especial de Entreposto Industrial sob Controle Informatizado do Sistema Público de Escrituração Digital (Recof-Sped)
3.201	Devolução de venda de produção do estabelecimento
3.202	Devolução de venda de mercadoria adquirida ou recebida de terceiros
3.205	Anulação de valor relativo à prestação de serviço de comunicação
3.206	Anulação de valor relativo à prestação de serviço de transporte

(cont.)

CFOP	DESCRIÇÃO RESUMIDA
3.207	Anulação de valor relativo à venda de energia elétrica
3.211	Devolução de venda de produção do estabelecimento sob o regime de drawback
3.212	Devolução de venda no mercado externo de mercadoria industrializada sob o Regime Aduaneiro Especial de Entreposto Industrial sob Controle Informatizado do Sistema Público de Escrituração Digital (Recof-Sped)
3.251	Compra de energia elétrica p/ distribuição ou comercialização
3.301	Aquisição de serviço de comunicação p/ execução de serviço da mesma natureza
3.351	Aquisição de serviço de transporte p/ execução de serviço da mesma natureza
3.352	Aquisição de serviço de transporte por estabelecimento industrial
3.353	Aquisição de serviço de transporte por estabelecimento comercial
3.354	Aquisição de serviço de transporte por estabelecimento de prestador de serviço de comunicação
3.355	Aquisição de serviço de transporte por estabelecimento de geradora ou de distribuidora de energia elétrica
3.356	Aquisição de serviço de transporte por estabelecimento de produtor rural
3.503	Devolução de mercadoria exportada que tenha sido recebida com fim específico de exportação
3.551	Compra de bem p/ o ativo imobilizado
3.553	Devolução de venda de bem do ativo imobilizado
3.556	Compra de material p/ uso ou consumo
3.651	Compra de combustível ou lubrificante p/ industrialização subsequente
3.652	Compra de combustível ou lubrificante p/ comercialização

(cont.)

CFOP	DESCRIÇÃO RESUMIDA
3.653	Compra de combustível ou lubrificante por consumidor ou usuário final
3.930	Lançamento efetuado a título de entrada de bem sob amparo de regime especial aduaneiro de admissão temporária
3.949	Outra entrada de mercadoria ou prestação de serviço não especificado
5.101	Venda de produção do estabelecimento
5.102	Venda de mercadoria adquirida ou recebida de terceiros
5.103	Venda de produção do estabelecimento, efetuada fora do estabelecimento
5.104	Venda de mercadoria adquirida ou recebida de terceiros, efetuada fora do estabelecimento
5.105	Venda de produção do estabelecimento que não deva por ele transitar
5.106	Venda de mercadoria adquirida ou recebida de terceiros, que não deva por ele transitar
5.109	Venda de produção do estabelecimento, destinada à Zona Franca de Manaus ou Áreas de Livre Comércio
5.110	Venda de mercadoria adquirida ou recebida de terceiros, destinada à Zona Franca de Manaus ou Áreas de Livre Comércio
5.111	Venda de produção do estabelecimento remetida anteriormente em consignação industrial
5.112	Venda de mercadoria adquirida ou recebida de terceiros remetida anteriormente em consignação industrial
5.113	Venda de produção do estabelecimento remetida anteriormente em consignação mercantil
5.114	Venda de mercadoria adquirida ou recebida de terceiros remetida anteriormente em consignação mercantil
5.115	Venda de mercadoria adquirida ou recebida de terceiros, recebida anteriormente em consignação mercantil
5.116	Venda de produção do estabelecimento originada de encomenda p/ entrega futura

(cont.)

CFOP	DESCRIÇÃO RESUMIDA
5.117	Venda de mercadoria adquirida ou recebida de terceiros, originada de encomenda p/ entrega futura
5.118	Venda de produção do estabelecimento entregue ao destinatário por conta e ordem do adquirente originário, em venda à ordem
5.119	Venda de mercadoria adquirida ou recebida de terceiros entregue ao destinatário por conta e ordem do adquirente originário, em venda à ordem
5.120	Venda de mercadoria adquirida ou recebida de terceiros entregue ao destinatário pelo vendedor remetente, em venda à ordem
5.122	Venda de produção do estabelecimento remetida p/ industrialização, por conta e ordem do adquirente, sem transitar pelo estabelecimento do adquirente
5.123	Venda de mercadoria adquirida ou recebida de terceiros remetida p/ industrialização, por conta e ordem do adquirente, sem transitar pelo estabelecimento do adquirente
5.124	Industrialização efetuada p/ outra empresa
5.125	Industrialização efetuada p/ outra empresa quando a mercadoria recebida p/ utilização no processo de industrialização não transitar pelo estabelecimento adquirente da mercadoria
5.129	Venda de insumo importado e de mercadoria industrializada sob o amparo do Regime Aduaneiro Especial de Entreposto Industrial sob Controle Informatizado do Sistema Público de Escrituração Digital (Recof-Sped)
5.151	Transferência de produção do estabelecimento
5.152	Transferência de mercadoria adquirida ou recebida de terceiros
5.153	Transferência de energia elétrica
5.155	Transferência de produção do estabelecimento, que não deva por ele transitar
5.156	Transferência de mercadoria adquirida ou recebida de terceiros, que não deva por ele transitar
5.201	Devolução de compra p/ industrialização ou produção rural

(cont.)

CFOP	DESCRIÇÃO RESUMIDA
5.202	Devolução de compra p/ comercialização
5.205	Anulação de valor relativo à aquisição de serviço de comunicação
5.206	Anulação de valor relativo à aquisição de serviço de transporte
5.207	Anulação de valor relativo à compra de energia elétrica
5.208	Devolução de mercadoria recebida em transferência p/ industrialização ou produção rural
5.209	Devolução de mercadoria recebida em transferência p/ comercialização
5.210	Devolução de compra p/ utilização na prestação de serviço
5.216	Devolução de entrada decorrente do fornecimento de produto ou mercadoria de ato cooperativo
5.251	Venda de energia elétrica p/ distribuição ou comercialização
5.252	Venda de energia elétrica p/ estabelecimento industrial
5.253	Venda de energia elétrica p/ estabelecimento comercial
5.254	Venda de energia elétrica p/ estabelecimento prestador de serviço de transporte
5.255	Venda de energia elétrica p/ estabelecimento prestador de serviço de comunicação
5.256	Venda de energia elétrica p/ estabelecimento de produtor rural
5.257	Venda de energia elétrica p/ consumo por demanda contratada
5.258	Venda de energia elétrica a não contribuinte
5.301	Prestação de serviço de comunicação p/ execução de serviço da mesma natureza
5.302	Prestação de serviço de comunicação a estabelecimento industrial

(cont.)

CFOP	DESCRIÇÃO RESUMIDA
5.303	Prestação de serviço de comunicação a estabelecimento comercial
5.304	Prestação de serviço de comunicação a estabelecimento de prestador de serviço de transporte
5.305	Prestação de serviço de comunicação a estabelecimento de geradora ou de distribuidora de energia elétrica
5.306	Prestação de serviço de comunicação a estabelecimento de produtor rural
5.307	Prestação de serviço de comunicação a não contribuinte
5.351	Prestação de serviço de transporte p/ execução de serviço da mesma natureza
5.352	Prestação de serviço de transporte a estabelecimento industrial
5.353	Prestação de serviço de transporte a estabelecimento comercial
5.354	Prestação de serviço de transporte a estabelecimento de prestador de serviço de comunicação
5.355	Prestação de serviço de transporte a estabelecimento de geradora ou de distribuidora de energia elétrica
5.356	Prestação de serviço de transporte a estabelecimento de produtor rural
5.357	Prestação de serviço de transporte a não contribuinte
5.359	Prestação de serviço de transporte a contribuinte ou a não contribuinte quando a mercadoria transportada está dispensada de emissão de nota fiscal
5.360	Prestação de serviço de transporte a contribuinte substituto em relação ao serviço de transporte
5.401	Venda de produção do estabelecimento em operação com produto sujeito ao regime de substituição tributária, na condição de contribuinte substituto
5.402	Venda de produção do estabelecimento de produto sujeito ao regime de substituição tributária, entre contribuintes substitutos do mesmo produto

(cont.)

CFOP	DESCRIÇÃO RESUMIDA
5.403	Venda de mercadoria adquirida ou recebida de terceiros em operação com mercadoria sujeita ao regime de substituição tributária, na condição de contribuinte substituto
5.405	Venda de mercadoria adquirida ou recebida de terceiros em operação com mercadoria sujeita ao regime de substituição tributária, na condição de contribuinte substituído
5.408	Transferência de produção do estabelecimento em operação com produto sujeito ao regime de substituição tributária
5.409	Transferência de mercadoria adquirida ou recebida de terceiros em operação com mercadoria sujeita ao regime de substituição tributária
5.410	Devolução de compra p/ industrialização ou produção rural em operação com mercadoria sujeita ao regime de substituição tributária
5.411	Devolução de compra p/ comercialização em operação com mercadoria sujeita ao regime de substituição tributária
5.412	Devolução de bem do ativo imobilizado, em operação com mercadoria sujeita ao regime de substituição tributária
5.413	Devolução de mercadoria destinada ao uso ou consumo, em operação com mercadoria sujeita ao regime de substituição tributária
5.414	Remessa de produção do estabelecimento p/ venda fora do estabelecimento em operação com produto sujeito ao regime de substituição tributária
5.415	Remessa de mercadoria adquirida ou recebida de terceiros p/ venda fora do estabelecimento, em operação com mercadoria sujeita ao regime de substituição tributária
5.451	Remessa de animal – Sistema de Integração e Parceria Rural
5.501	Remessa de produção do estabelecimento, com fim específico de exportação
5.502	Remessa de mercadoria adquirida ou recebida de terceiros, com fim específico de exportação
5.503	Devolução de mercadoria recebida com fim específico de exportação
5.504	Remessa de mercadoria p/ formação de lote de exportação, de produtos industrializados ou produzidos pelo próprio estabelecimento

(cont.)

CFOP	DESCRIÇÃO RESUMIDA
5.505	Remessa de mercadorias, adquiridas ou recebidas de terceiros, p/ formação de lote de exportação
5.551	Venda de bem do ativo imobilizado
5.552	Transferência de bem do ativo imobilizado
5.553	Devolução de compra de bem p/ o ativo imobilizado
5.554	Remessa de bem do ativo imobilizado p/ uso fora do estabelecimento
5.555	Devolução de bem do ativo imobilizado de terceiro, recebido p/ uso no estabelecimento
5.556	Devolução de compra de material de uso ou consumo
5.557	Transferência de material de uso ou consumo
5.601	Transferência de crédito de ICMS acumulado
5.602	Transferência de saldo credor de ICMS p/ outro estabelecimento da mesma empresa, destinado à compensação de saldo devedor de ICMS
5.603	Ressarcimento de ICMS retido por substituição tributária
5.605	Transferência de saldo devedor de ICMS de outro estabelecimento da mesma empresa
5.606	Utilização de saldo credor de ICMS p/ extinção por compensação de débitos fiscais
5.651	Venda de combustível ou lubrificante de produção do estabelecimento destinados à industrialização subsequente
5.652	Venda de combustível ou lubrificante de produção do estabelecimento destinados à comercialização
5.653	Venda de combustível ou lubrificante de produção do estabelecimento destinado a consumidor ou usuário final
5.654	Venda de combustível ou lubrificante adquirido ou recebido de terceiros destinado à industrialização subsequente

(cont.)

CFOP	DESCRIÇÃO RESUMIDA
5.655	Venda de combustível ou lubrificante adquirido ou recebido de terceiros destinado à comercialização
5.656	Venda de combustível ou lubrificante adquirido ou recebido de terceiros destinado a consumidor ou usuário final
5.657	Remessa de combustível ou lubrificante adquirido ou recebido de terceiros p/ venda fora do estabelecimento
5.658	Transferência de combustível ou lubrificante de produção do estabelecimento
5.659	Transferência de combustível ou lubrificante adquirido ou recebido de terceiro
5.660	Devolução de compra de combustível ou lubrificante adquirido p/ industrialização subsequente
5.661	Devolução de compra de combustível ou lubrificante adquirido p/ comercialização
5.662	Devolução de compra de combustível ou lubrificante adquirido por consumidor ou usuário final
5.663	Remessa p/ armazenagem de combustível ou lubrificante
5.664	Retorno de combustível ou lubrificante recebido p/ armazenagem
5.665	Retorno simbólico de combustível ou lubrificante recebido p/ armazenagem
5.666	Remessa por conta e ordem de terceiros de combustível ou lubrificante recebido p/ armazenagem
5.667	Venda de combustível ou lubrificante a consumidor ou usuário final estabelecido em outra UF
5.901	Remessa p/ industrialização por encomenda
5.902	Retorno de mercadoria utilizada na industrialização por encomenda
5.903	Retorno de mercadoria recebida p/ industrialização e não aplicada no referido processo
5.904	Remessa p/ venda fora do estabelecimento

(cont.)

CFOP	DESCRIÇÃO RESUMIDA
5.905	Remessa p/ depósito fechado ou armazém geral
5.906	Retorno de mercadoria depositada em depósito fechado ou armazém geral
5.907	Retorno simbólico de mercadoria depositada em depósito fechado ou armazém geral
5.908	Remessa de bem por conta de contrato de comodato ou locação
5.909	Retorno de bem recebido por conta de contrato de comodato ou locação
5.910	Remessa em bonificação, doação ou brinde
5.911	Remessa de amostra grátis
5.912	Remessa de mercadoria ou bem p/ demonstração, mostruário ou treinamento
5.913	Retorno de mercadoria ou bem recebido p/ demonstração ou mostruário
5.914	Remessa de mercadoria ou bem p/ exposição ou feira
5.915	Remessa de mercadoria ou bem p/ conserto ou reparo
5.916	Retorno de mercadoria ou bem recebido p/ conserto ou reparo
5.917	Remessa de mercadoria em consignação mercantil ou industrial
5.918	Devolução de mercadoria recebida em consignação mercantil ou industrial
5.919	Devolução simbólica de mercadoria vendida ou utilizada em processo industrial, recebida anteriormente em consignação mercantil ou industrial
5.920	Remessa de vasilhame ou sacaria
5.921	Devolução de vasilhame ou sacaria

(cont.)

CFOP	DESCRIÇÃO RESUMIDA
5.922	Lançamento efetuado a título de simples faturamento decorrente de venda p/ entrega futura
5.923	Remessa de mercadoria por conta e ordem de terceiros, em venda à ordem ou em operações com armazém geral ou depósito fechado
5.924	Remessa p/ industrialização por conta e ordem do adquirente da mercadoria, quando esta não transitar pelo estabelecimento do adquirente
5.925	Retorno de mercadoria recebida p/ industrialização por conta e ordem do adquirente da mercadoria, quando aquela não transitar pelo estabelecimento do adquirente
5.926	Lançamento efetuado a título de reclassificação de mercadoria decorrente de formação de kit ou de sua desagregação
5.927	Lançamento efetuado a título de baixa de estoque decorrente de perda, roubo ou deterioração
5.928	Lançamento efetuado a título de baixa de estoque decorrente do encerramento da atividade da empresa
5.929	Lançamento efetuado em decorrência de emissão de documento fiscal relativo à operação ou prestação também registrada em equipamento Emissor de Cupom Fiscal – ECF
5.931	Lançamento efetuado em decorrência da responsabilidade de retenção do imposto por substituição tributária, atribuída ao remetente ou alienante da mercadoria, pelo serviço de transporte realizado por transportador autônomo ou por transportador não inscrito na UF onde iniciado o serviço
5.932	Prestação de serviço de transporte iniciada em UF diversa daquela onde inscrito o prestador
5.933	Prestação de serviço tributado pelo ISSQN
5.934	Remessa simbólica de mercadoria depositada em armazém geral ou depósito fechado
5.949	Outra saída de mercadoria ou prestação de serviço não especificado
6.101	Venda de produção do estabelecimento
6.102	Venda de mercadoria adquirida ou recebida de terceiros

(cont.)

CFOP	DESCRIÇÃO RESUMIDA
6.103	Venda de produção do estabelecimento, efetuada fora do estabelecimento
6.104	Venda de mercadoria adquirida ou recebida de terceiros, efetuada fora do estabelecimento
6.105	Venda de produção do estabelecimento que não deva por ele transitar
6.106	Venda de mercadoria adquirida ou recebida de terceiros, que não deva por ele transitar
6.107	Venda de produção do estabelecimento, destinada a não contribuinte
6.108	Venda de mercadoria adquirida ou recebida de terceiros, destinada a não contribuinte
6.109	Venda de produção do estabelecimento, destinada à Zona Franca de Manaus ou Áreas de Livre Comércio
6.110	Venda de mercadoria adquirida ou recebida de terceiros, destinada à Zona Franca de Manaus ou Áreas de Livre Comércio
6.111	Venda de produção do estabelecimento remetida anteriormente em consignação industrial
6.112	Venda de mercadoria adquirida ou recebida de terceiros remetida anteriormente em consignação industrial
6.113	Venda de produção do estabelecimento remetida anteriormente em consignação mercantil
6.114	Venda de mercadoria adquirida ou recebida de terceiros remetida anteriormente em consignação mercantil
6.115	Venda de mercadoria adquirida ou recebida de terceiros, recebida anteriormente em consignação mercantil
6.116	Venda de produção do estabelecimento originada de encomenda p/ entrega futura
6.117	Venda de mercadoria adquirida ou recebida de terceiros, originada de encomenda p/ entrega futura
6.118	Venda de produção do estabelecimento entregue ao destinatário por conta e ordem do adquirente originário, em venda à ordem

(cont.)

CFOP	DESCRIÇÃO RESUMIDA
6.119	Venda de mercadoria adquirida ou recebida de terceiros entregue ao destinatário por conta e ordem do adquirente originário, em venda à ordem
6.120	Venda de mercadoria adquirida ou recebida de terceiros entregue ao destinatário pelo vendedor remetente, em venda à ordem
6.122	Venda de produção do estabelecimento remetida p/ industrialização, por conta e ordem do adquirente, sem transitar pelo estabelecimento do adquirente
6.123	Venda de mercadoria adquirida ou recebida de terceiros remetida p/ industrialização, por conta e ordem do adquirente, sem transitar pelo estabelecimento do adquirente
6.124	Industrialização efetuada p/ outra empresa
6.125	Industrialização efetuada p/ outra empresa quando a mercadoria recebida p/ utilização no processo de industrialização não transitar pelo estabelecimento adquirente da mercadoria
6.129	Venda de insumo importado e de mercadoria industrializada sob o amparo do Regime Aduaneiro Especial de Entreposto Industrial sob Controle Informatizado do Sistema Público de Escrituração Digital (Recof-Sped)
6.151	Transferência de produção do estabelecimento
6.152	Transferência de mercadoria adquirida ou recebida de terceiros
6.153	Transferência de energia elétrica
6.155	Transferência de produção do estabelecimento, que não deva por ele transitar
6.156	Transferência de mercadoria adquirida ou recebida de terceiros, que não deva por ele transitar
6.201	Devolução de compra p/ industrialização ou produção rural
6.202	Devolução de compra p/ comercialização
6.205	Anulação de valor relativo à aquisição de serviço de comunicação

(cont.)

CFOP	DESCRIÇÃO RESUMIDA
6.206	Anulação de valor relativo à aquisição de serviço de transporte
6.207	Anulação de valor relativo à compra de energia elétrica
6.208	Devolução de mercadoria recebida em transferência p/ industrialização ou produção rural
6.209	Devolução de mercadoria recebida em transferência p/ comercialização
6.210	Devolução de compra p/ utilização na prestação de serviço
6.216	Devolução de entrada decorrente do fornecimento de produto ou mercadoria de ato cooperativo
6.251	Venda de energia elétrica p/ distribuição ou comercialização
6.252	Venda de energia elétrica p/ estabelecimento industrial
6.253	Venda de energia elétrica p/ estabelecimento comercial
6.254	Venda de energia elétrica p/ estabelecimento prestador de serviço de transporte
6.255	Venda de energia elétrica p/ estabelecimento prestador de serviço de comunicação
6.256	Venda de energia elétrica p/ estabelecimento de produtor rural
6.257	Venda de energia elétrica p/ consumo por demanda contratada
6.258	Venda de energia elétrica a não contribuinte
6.301	Prestação de serviço de comunicação p/ execução de serviço da mesma natureza
6.302	Prestação de serviço de comunicação a estabelecimento industrial
6.303	Prestação de serviço de comunicação a estabelecimento comercial
6.304	Prestação de serviço de comunicação a estabelecimento de prestador de serviço de transporte

(cont.)

CFOP	DESCRIÇÃO RESUMIDA
6.305	Prestação de serviço de comunicação a estabelecimento de geradora ou de distribuidora de energia elétrica
6.306	Prestação de serviço de comunicação a estabelecimento de produtor rural
6.307	Prestação de serviço de comunicação a não contribuinte
6.351	Prestação de serviço de transporte p/ execução de serviço da mesma natureza
6.352	Prestação de serviço de transporte a estabelecimento industrial
6.353	Prestação de serviço de transporte a estabelecimento comercial
6.354	Prestação de serviço de transporte a estabelecimento de prestador de serviço de comunicação
6.355	Prestação de serviço de transporte a estabelecimento de geradora ou de distribuidora de energia elétrica
6.356	Prestação de serviço de transporte a estabelecimento de produtor rural
6.357	Prestação de serviço de transporte a não contribuinte
6.359	Prestação de serviço de transporte a contribuinte ou a não contribuinte quando a mercadoria transportada esteja dispensada de emissão de nota fiscal
6.360	Prestação de serviço de transporte a contribuinte substituto em relação ao serviço de transporte
6.401	Venda de produção do estabelecimento em operação com produto sujeito ao regime de substituição tributária, na condição de contribuinte substituto
6.402	Venda de produção do estabelecimento de produto sujeito ao regime de substituição tributária, em operação entre contribuintes substitutos do mesmo produto
6.403	Venda de mercadoria adquirida ou recebida de terceiros em operação com mercadoria sujeita ao regime de substituição tributária, na condição de contribuinte substituto

(cont.)

CFOP	DESCRIÇÃO RESUMIDA
6.404	Venda de mercadoria sujeita ao regime de substituição tributária, cujo imposto já tenha sido retido anteriormente
6.408	Transferência de produção do estabelecimento em operação com produto sujeito ao regime de substituição tributária
6.409	Transferência de mercadoria adquirida ou recebida de terceiros em operação com mercadoria sujeita ao regime de substituição tributária
6.410	Devolução de compra p/ industrialização ou produção rural em operação com mercadoria sujeita ao regime de substituição tributária
6.411	Devolução de compra p/ comercialização em operação com mercadoria sujeita ao regime de substituição tributária
6.412	Devolução de bem do ativo imobilizado, em operação com mercadoria sujeita ao regime de substituição tributária
6.413	Devolução de mercadoria destinada ao uso ou consumo, em operação com mercadoria sujeita ao regime de substituição tributária
6.414	Remessa de produção do estabelecimento p/ venda fora do estabelecimento em operação com produto sujeito ao regime de substituição tributária
6.415	Remessa de mercadoria adquirida ou recebida de terceiros p/ venda fora do estabelecimento, em operação com mercadoria sujeita ao regime de substituição tributária
6.501	Remessa de produção do estabelecimento, com fim específico de exportação
6.502	Remessa de mercadoria adquirida ou recebida de terceiros, com fim específico de exportação
6.503	Devolução de mercadoria recebida com fim específico de exportação
6.504	Remessa de mercadorias p/ formação de lote de exportação, de produtos industrializados ou produzidos pelo próprio estabelecimento
6.505	Remessa de mercadorias, adquiridas ou recebidas de terceiros, p/ formação de lote de exportação
6.551	Venda de bem do ativo imobilizado
6.552	Transferência de bem do ativo imobilizado

(cont.)

CFOP	DESCRIÇÃO RESUMIDA
6.553	Devolução de compra de bem p/ o ativo imobilizado
6.554	Remessa de bem do ativo imobilizado p/ uso fora do estabelecimento
6.555	Devolução de bem do ativo imobilizado de terceiro, recebido p/ uso no estabelecimento
6.556	Devolução de compra de material de uso ou consumo
6.557	Transferência de material de uso ou consumo
6.603	Ressarcimento de ICMS retido por substituição tributária
6.651	Venda de combustível ou lubrificante de produção do estabelecimento destinado à industrialização subsequente
6.652	Venda de combustível ou lubrificante de produção do estabelecimento destinado à comercialização
6.653	Venda de combustível ou lubrificante de produção do estabelecimento destinado a consumidor ou usuário final
6.654	Venda de combustível ou lubrificante adquirido ou recebido de terceiros destinado à industrialização subsequente
6.655	Venda de combustível ou lubrificante adquirido ou recebido de terceiros destinado à comercialização
6.656	Venda de combustível ou lubrificante adquirido ou recebido de terceiros destinado a consumidor ou usuário final
6.657	Remessa de combustível ou lubrificante adquirido ou recebido de terceiros p/ venda fora do estabelecimento
6.658	Transferência de combustível ou lubrificante de produção do estabelecimento
6.659	Transferência de combustível ou lubrificante adquirido ou recebido de terceiro
6.660	Devolução de compra de combustível ou lubrificante adquirido p/ industrialização subsequente
6.661	Devolução de compra de combustível ou lubrificante adquirido p/ comercialização

(cont.)

CFOP	DESCRIÇÃO RESUMIDA
6.662	Devolução de compra de combustível ou lubrificante adquirido por consumidor ou usuário final
6.663	Remessa p/ armazenagem de combustível ou lubrificante
6.664	Retorno de combustível ou lubrificante recebido p/ armazenagem
6.665	Retorno simbólico de combustível ou lubrificante recebido p/ armazenagem
6.666	Remessa por conta e ordem de terceiros de combustível ou lubrificante recebido p/ armazenagem
6.667	Venda de combustível ou lubrificante a consumidor ou usuário final estabelecido em outra UF diferente da que ocorrer o consumo
6.901	Remessa p/ industrialização por encomenda
6.902	Retorno de mercadoria utilizada na industrialização por encomenda
6.903	Retorno de mercadoria recebida p/ industrialização e não aplicada no referido processo
6.904	Remessa p/ venda fora do estabelecimento
6.905	Remessa p/ depósito fechado ou armazém geral
6.906	Retorno de mercadoria depositada em depósito fechado ou armazém geral
6.907	Retorno simbólico de mercadoria depositada em depósito fechado ou armazém geral
6.908	Remessa de bem por conta de contrato de comodato ou locação
6.909	Retorno de bem recebido por conta de contrato de comodato ou locação
6.910	Remessa em bonificação, doação ou brinde
6.911	Remessa de amostra grátis

(cont.)

CFOP	DESCRIÇÃO RESUMIDA
6.912	Remessa de mercadoria ou bem p/ demonstração, mostruário ou treinamento
6.913	Retorno de mercadoria ou bem recebido p/ demonstração ou mostruário
6.914	Remessa de mercadoria ou bem p/ exposição ou feira
6.915	Remessa de mercadoria ou bem p/ conserto ou reparo
6.916	Retorno de mercadoria ou bem recebido p/ conserto ou reparo
6.917	Remessa de mercadoria em consignação mercantil ou industrial
6.918	Devolução de mercadoria recebida em consignação mercantil ou industrial
6.919	Devolução simbólica de mercadoria vendida ou utilizada em processo industrial, recebida anteriormente em consignação mercantil ou industrial
6.920	Remessa de vasilhame ou sacaria
6.921	Devolução de vasilhame ou sacaria
6.922	Lançamento efetuado a título de simples faturamento decorrente de venda p/ entrega futura
6.923	Remessa de mercadoria por conta e ordem de terceiros, em venda à ordem ou em operações com armazém geral ou depósito fechado
6.924	Remessa p/ industrialização por conta e ordem do adquirente da mercadoria, quando esta não transitar pelo estabelecimento do adquirente
6.925	Retorno de mercadoria recebida p/ industrialização por conta e ordem do adquirente da mercadoria, quando aquela não transitar pelo estabelecimento do adquirente
6.929	Lançamento efetuado em decorrência de emissão de documento fiscal relativo à operação ou prestação também registrada em equipamento Emissor de Cupom Fiscal – ECF

(cont.)

CFOP	DESCRIÇÃO RESUMIDA
6.931	Lançamento efetuado em decorrência da responsabilidade de retenção do imposto por substituição tributária, atribuída ao remetente ou alienante da mercadoria, pelo serviço de transporte realizado por transportador autônomo ou por transportador não inscrito na UF onde iniciado o serviço
6.932	Prestação de serviço de transporte iniciada em UF diversa daquela onde inscrito o prestador
6.933	Prestação de serviço tributado pelo ISSQN
6.934	Remessa simbólica de mercadoria depositada em armazém geral ou depósito fechado
6.949	Outra saída de mercadoria ou prestação de serviço não especificado
7.101	Venda de produção do estabelecimento
7.102	Venda de mercadoria adquirida ou recebida de terceiros
7.105	Venda de produção do estabelecimento, que não deva por ele transitar
7.106	Venda de mercadoria adquirida ou recebida de terceiros, que não deva por ele transitar
7.127	Venda de produção do estabelecimento sob o regime de drawback
7.129	Venda de produção do estabelecimento ao mercado externo de mercadoria industrializada sob o amparo do Regime Aduaneiro Especial de Entreposto Industrial sob Controle Informatizado do Sistema Público de Escrituração Digital (Recof-Sped)
7.201	Devolução de compra p/ industrialização ou produção rural
7.202	Devolução de compra p/ comercialização
7.205	Anulação de valor relativo à aquisição de serviço de comunicação
7.206	Anulação de valor relativo à aquisição de serviço de transporte
7.207	Anulação de valor relativo à compra de energia elétrica

(cont.)

CFOP	DESCRIÇÃO RESUMIDA
7.210	Devolução de compra p/ utilização na prestação de serviço
7.211	Devolução de compras p/ industrialização sob o regime de drawback
7.212	Devolução de compras para industrialização sob o Regime Aduaneiro Especial de Entreposto Industrial sob Controle Informatizado do Sistema Público de Escrituração Digital (Recof-Sped)
7.251	Venda de energia elétrica p/ o exterior
7.301	Prestação de serviço de comunicação p/ execução de serviço da mesma natureza
7.358	Prestação de serviço de transporte
7.501	Exportação de mercadorias recebidas com fim específico de exportação
7.551	Venda de bem do ativo imobilizado
7.553	Devolução de compra de bem p/ o ativo imobilizado
7.556	Devolução de compra de material de uso ou consumo
7.651	Venda de combustível ou lubrificante de produção do estabelecimento
7.654	Venda de combustível ou lubrificante adquirido ou recebido de terceiros
7.667	Venda de combustível ou lubrificante a consumidor ou usuário final
7.930	Lançamento efetuado a título de devolução de bem cuja entrada tenha ocorrido sob amparo de regime especial aduaneiro de admissão temporária
7.949	Outra saída de mercadoria ou prestação de serviço não especificado

Fonte: adaptado de Brasil (1970).

BRANDÃO, Marcelo. Brasil perde R$ 417 bi por ano com sonegação de impostos, diz estudo. **Agência Brasil**, Brasília, 12 dez. 2020. Disponível em: https://agenciabrasil.ebc.com.br/geral/noticia/2020-12/brasil-perde-r-417-bi-por-ano-com-sonegacao-de-impostos-diz-estudo#:~:text=O%20Brasil%20deixa%20de%20arrecadar,2%2C33%20trilh%C3%B5es%20por%20ano. Acesso em: 26 jun. 2022.

BRASIL. Ministério da Economia. Conselho Nacional de Política Fazendária. **Convênio s/nº**, de 15 de dezembro de 1970. Código Fiscal de Operações e de Prestações das Entradas de Mercadorias e Bens e da Aquisição de Serviços. Brasília, DF, 1970. Disponível em: https://www.confaz.fazenda.gov.br/legislacao/ajustes/sinief/cfop_cvsn_70_vigente. Acesso em: 26 jun. 2022.

BRASIL. Ministério da Economia. Receita Federal do Brasil. Instrução Normativa RFB nº 1.422, de 19 de dezembro de 2013. Dispõe sobre a Escrituração Contábil Fiscal (ECF). **Diário Oficial da União**, Brasília, DF, 20 dez. 2013.

BRASIL. Ministério da Economia. Receita Federal do Brasil. Instrução Normativa RFB nº 1.700, de 14 de março de 2017. Dispõe sobre a determinação e o pagamento do imposto sobre a renda e da contribuição social sobre o lucro líquido das pessoas jurídicas e disciplina o tratamento tributário da Contribuição para o PIS/Pasep e da Cofins no que se refere às alterações introduzidas pela Lei nº 12.973, de 13 de maio de 2014. **Diário Oficial da União**, Brasília, DF, 16 mar. 2017.

BRASIL. Presidência da República. Casa Civil. Subchefia para Assuntos Jurídicos. Constituição da República Federativa do Brasil de 1988. **Diário Oficial da União**, Brasília, DF, 5 out. 1988.

BRASIL. Presidência da República. Casa Civil. Subchefia para Assuntos Jurídicos. Decreto nº 7.212, de 15 de junho de 2010. Regulamenta a cobrança, fiscalização, arrecadação e administração do Imposto sobre Produtos Industrializados – IPI. **Diário Oficial da União**, Brasília, DF, 16 jun. 2010; retificado em 25 jun. 2010.

BRASIL. Presidência da República. Casa Civil. Subchefia para Assuntos Jurídicos. Emenda Constitucional nº 18, de 1º de dezembro de 1965. Reforma do Sistema Tributário. **Diário Oficial da União**, Brasília, DF, 6 dez. 1965.

BRASIL. Presidência da República. Casa Civil. Subchefia para Assuntos Jurídicos. Emenda Constitucional nº 42, de 19 de dezembro de 2003. Altera o Sistema Tributário Nacional e dá outras providências. **Diário Oficial da União**, Brasília, DF, 31 dez. 2003.

BRASIL. Presidência da República. Casa Civil. Subchefia para Assuntos Jurídicos. Lei nº 5.172, de 25 de outubro de 1966. Dispõe sobre o Sistema Tributário Nacional e institui normas gerais de direito tributário aplicáveis à União, estados e municípios. **Diário Oficial da União**, Brasília, DF, 27 out. 1966; retificado em 31 out. 1966.

BRASIL. Presidência da República. Casa Civil. Subchefia para Assuntos Jurídicos. Lei nº 8.137, de 27 de dezembro de 1990. Define crimes contra a ordem tributária, econômica e contra as relações de consumo, e dá outras providências. **Diário Oficial da União**, Brasília, DF, 28 dez. 1990.

BRASIL. Presidência da República. Casa Civil. Subchefia para Assuntos Jurídicos. Lei nº 8.981, de 20 de janeiro de 1995. Altera a legislação tributária federal e dá outras providências. **Diário Oficial da União**, Brasília, DF, 23 jan. 1995.

BRASIL. Presidência da República. Casa Civil. Subchefia para Assuntos Jurídicos. Lei nº 9.718, de 27 de novembro de 1998. Altera a Legislação Tributária Federal. **Diário Oficial da União**, Brasília, DF, 28 nov. 1998.

BRASIL. Presidência da República. Casa Civil. Subchefia para Assuntos Jurídicos. Lei nº 12.814, de 16 de maio de 2013. Altera a Lei nº 12.096, de 24 de novembro de 2009, quanto à autorização para concessão de subvenção econômica em operações de financiamento destinadas a aquisição e produção de bens de capital e a inovação tecnológica e em projetos de infraestrutura logística direcionados a obras de rodovias e ferrovias objeto de concessão pelo governo federal; altera a Lei nº 11.529, de 22 de outubro de 2007, quanto à concessão de subvenção econômica em operações destinadas a financiamentos a diferentes setores da economia; altera a Lei nº 12.409, de 25 de maio de 2011, quanto à concessão de subvenção econômica em financiamentos destinados a beneficiários localizados em municípios atingidos por desastres naturais; altera as Leis nᵒˢ 12.487, de 15 de setembro de 2011, 9.718, de 27 de novembro de 1998, e 11.491, de 20 de julho de 2007; prorroga os prazos previstos nas Leis nᵒˢ 12.249, de 11 de junho de 2010, e 11.941, de 27 de maio de 2009. **Diário Oficial da União**, Brasília, DF, 17 maio 2013.

BRASIL. Presidência da República. Casa Civil. Subchefia para Assuntos Jurídicos. Lei Complementar nº 87, de 13 de setembro de 1996. Dispõe sobre o imposto dos estados e do Distrito Federal sobre operações relativas à circulação de mercadorias e sobre prestações de serviços de transporte interestadual e intermunicipal e de comunicação, e dá outras providências. (Lei Kandir). **Diário Oficial da União**, Brasília, DF, 16 set. 1996.

BRASIL. Presidência da República. Casa Civil. Subchefia para Assuntos Jurídicos. Lei Complementar nº 116, de 31 de julho de 2003. Dispõe sobre o Imposto sobre Serviços de qualquer Natureza, de competência dos municípios e do Distrito Federal, e dá outras providências. **Diário Oficial da União**, Brasília, DF, 1º ago. 2003.